CLV

Wolfgang Bühne (Hrsg.)

Zum Leben befreit

CLV
Christliche
Literatur-Verbreitung e.V.
Postfach 110135 · 33661 Bielefeld

1. Auflage 1996

Postfach 110135 · 33661 Bielefeld
Umschlag: Dieter Otten, Bergneustadt
Satz: Enns Schrift & Bild, Bielefeld
Druck und Bindung: Elsnerdruck Berlin

ISBN 3-89397-768-8

Inhaltsverzeichnis

ANDREAS LINDNER

Kaltes Herz

Die Hitze am Tag ist unerträglich. Die Nächte sind kalt hier in Niamey, der Hauptstadt von Niger, – wenn auch nicht mehr so kalt wie in der Sahara, wo wir herkommen.

Ich liege neben meinem Unimog im Sand. Dort drüben sitzt Hans, unser Wachtposten, um Diebe abzuschrecken. Einige der Globetrotter, die sich auch hier eingefunden haben, wurden schon bestohlen – vom Dunkel der Nacht gedeckt haben geschickte Finger unbemerkt Schlafsäcke und Zelte aufgeschlitzt und allerlei entwendet. Ich bin voller Wut wegen dieser Diebstähle jede Nacht. Sobald Hans einen Dieb bemerkt, werde ich aufspringen und zuschlagen. Mein Entschluß steht fest: „Die müssen nicht abgeschreckt werden, sondern die brauchen einen Denkzettel." Dafür liegt bereits ein Montiereisen unter meinem Schlafsack bereit.

Ob einer dabei draufgeht, ist mir egal. Es hat mir noch nie etwas ausgemacht, jemand zu verletzen.

Mein Blick schweift nach oben. Die Sterne leuchten hier viel heller als Zuhause. „Lieber Gott, mach mich fromm, daß ich in den Himmel komm." Komisch, daß mir jetzt dieses Kindergebet über die Lippen kommt. Es scheint im Widerspruch zu meiner Absicht zu stehen, die Diebe brutal zusammenzuschlagen. Aber das stört mich nicht.

Meine Oma hat mir den Spruch beigebracht. Schon lange her. Damals lebte ich mit meinen Eltern in einem Dorf nahe an der Zonengrenze. Dort verlebte ich eine glückliche und behütete Kindheit.

Meine Schwester und ich gehörten zur selben Clique. Die Jungs und Mädels der Gruppe bedeuteten mir viel. Ich hatte sie gern. Eines Abends haben sie mich innerlich sehr verletzt. Es schmerzte mich. Ich wurde den Eindruck nicht los, daß ich ihnen nicht viel wert war. In dieser Zeit half mir mein Vater bei einem Referat über sein Lieblingsthema – Buddhismus. Ich hielt es vor der Schulklasse: „Das Glück liegt im Innern. Wenn man sich von allem Äußeren loslöst, kann nichts mehr diese innere Ruhe zerstören ..."

Das war es! Wenn mir niemand etwas bedeutet, kann mich auch niemand mehr verletzen. Wenn ich niemand in mein Herz reinlasse, kann niemand meinem Herzen weh tun. Mit diesem Ziel wurde ich immer stärker zum Einzelgänger, und verschloß mich anderen mehr und mehr.

Träume

Damals hatte ich zwei Freunde: Reinhard und Werner. Unsere gemeinsame Leidenschaft waren Abenteuer und Streifzüge durch die Wälder. Wir bauten Blockhütten, sprengten Felsen oder machten Schießübungen mit selbstgebastelten Vorderladern. Die Ferien und viele Wochenenden verbrachten wir auf diese Weise zusammen. Einer unserer gemeinsamen Träume war, Trapper im Norden Kanadas zu werden, oder Soldat. Oder vielleicht Legionär.

Mit sechzehn schlossen mein Cousin Thomas und ich uns der Freiwilligen Feuerwehr an. Wie immer, wenn wir etwas anfingen, so taten wir es mit großer Begeisterung. Aber wir löschten nicht nur mit Wasser, sondern auch mit viel Schnaps und Bier. Thomas war mein großes Vorbild: mutig, unabhängig, schlug sich überall durch. Und er weinte nie. Aber ich hatte auch Fortschritte gemacht. Ich hatte niemand mehr in mein Herz reingelassen, und so konnte mich niemand mehr verletzen, und nichts konnte mich mehr erschüttern. Es störte mich auch nicht mehr, wenn ich jemand innerlich verletzte. Meine Mutter litt sehr darunter, daß ich so verschlossen war. Doch das war mir egal.

Auch in der Schule war ich nun öfters betrunken. Wozu geht man da überhaupt hin? Viel interessanter war es, im Wirtshaus Karten zu spielen. Den freiwilligen Russisch-Unterricht am Nachmittag allerdings wollte ich nicht versäumen. Vielleicht kann ich das noch mal bei meinen zukünftigen Abenteuern als Soldat brauchen, dachte ich.

Mein Vater hatte wenig Zeit, weil er sich in der Firma so engagierte. Sogar die Abende und Wochenenden verbrachte er dort. Er wollte gerne, daß ich studiere, einen guten Beruf ergreife – im Hinblick auf Karriere, Familie, Haus und so weiter. Auch die Freunde meiner Eltern, die alle erfolgreich waren und zu denen ich aufblickte, rieten mir in diese Richtung. Sie hatten das alles längst. Aber ihr Herz schien leer zu sein. Wenn sie sich am Stammtisch unterhielten, merkte ich bald, daß sie auch nicht zufrieden waren.

„Wenn wir Urlaub haben, dann machen wir endlich mal, was wirklich Spaß macht. Wir fahren zum Gardasee zum Segeln ...“ Oder: „Wenn ich pensioniert bin, kann ich endlich das machen, was ich will. Dann habe ich endlich Zeit für die Jagd ...“

Dabei dachte ich mir im Stillen: „Wenn das Leben nur daraus besteht, das zu tun, was man will und was Spaß macht, warum studieren und bis zum Urlaub oder zur Pensionierung warten? Da mach ich doch gleich, was ich will.“

Viel Zeit verbrachte ich auf einsamen Wanderungen. Der Regen perlte von meiner imprägnierten Jacke ab, er drang nicht ein. Darunter war ich sicher. Mein Herz aber war inzwischen auch wie imprägniert. Nichts drang ein. So fühlte ich mich sicher, meine innere Ruhe blieb ungestört. Eines Abends besuchte ich meine Freundin. Spät Nachts hörten wir den Rettungswagen. Ich wußte noch nicht, daß mein Cousin Thomas kurz vorher mit dem Motorrad verunglückt war.

Am nächsten Tag fand die Identifikation im Krankenhaus statt. Es stank nach Formalin. Mein Patenonkel konnte es nicht fassen, seinen Sohn so steif daliegen zu sehen. Er war erschüttert. Mein Vater auch. Ich nicht. Ich blieb kalt. Mein Herz blieb unbewegt, meine innere Ruhe ungestört. Meine Meditationen zeigten erste Früchte. Hier bei der Leichenbeschau haben wir drei Thomas zum letzten Mal gesehen. Die Frage kam auf: Wo geht er hin?

Ich hatte eine Antwort darauf. „Entweder Reinkarnation, oder ein neues Leben woanders, auf jeden Fall besser", dachte ich. Das wußte ich genau aus den parapsychologischen Büchern meines Vaters. Auch die Sterbeerlebnisse, die Arthur Ford in seinem Buch „Bericht vom Leben nach dem Tod" beschrieb, bestätigten es. Und die Lehre Buddhas auch. Ich hatte keine Angst vor dem Tod. Und vor dem Leben auch nicht. „Ich werde mich durchschlagen."

Sobald ich den Führerschein hatte, arbeitete ich in den Ferien als Bierfahrer. Ich war mein bester Kunde. Mein Vater kannte die Schattenseiten meines Lebens nicht. Er war stolz auf mich und wir verstanden uns gut, obwohl er wenig Zeit hatte. Manchmal waren seine Freunde vom Stammtisch bei uns zu Besuch. Nach einem dieser Feste weckte mich meine Mutter. Sie weinte, kniete neben meinem Bett. „Andreas, wach auf. Papi ist tot. Verunglückt. Er fuhr noch mal weg." Ich war überrascht. Am Abend hatte er mir noch aus dem Taucheranzug geholfen, als ich total durchgefroren vom Schwimmen im Hochwasser zurückkam. Für meine Mutter brach eine Welt zusammen. Meine Schwester kam aus dem Internat. Ich erinnere mich an die Beerdigung. Alle waren gerührt. Doch ich stand teilnahmslos wie ein Zuschauer neben seinem Sarg.

Wettlauf mit dem Tod

Mit meinen beiden Cousins Rolf und Frank kam ich besonders gut aus. Auch mit Franks Freund John. Oft trainierten wir zusammen: Nahkampf, Ausdauer- und Überlebenstraining. John war Malerlehrling und half mir beim Herrichten unseres Hauses. Meine Mutter wollte es jetzt nach dem Tod meines Vaters verkaufen und wegziehen. „Macht es Dir was aus, wenn wir das Haus verkaufen?“ „Nein, Mami.“ Ich sprach nicht viel mit ihr. Und schon gar nicht über das, was in mir vorging. Ich war hilfsbereit und freundlich, aber innerlich kalt. John und ich wurden bei unserem Training und durch die gemeinsame Arbeit Freunde. Einmal machten wir einen Wettlauf. Wer ist zuerst am Bahnhof?

Wir spurteten über Bahngleise, kletterten über bereitstehende Güterzüge. Genau in dem Moment, als John vom stehenden Zug sprang, fuhr auf dem Nebengleis eine Lok vorbei. Ich bemerkte die Lok rechtzeitig, duckte mich und sauste gleich weiter. Doch hinter mir hörte ich den Schotter nicht mehr unter Johns Füßen knirschen. Hinter mir blieb alles still. John mußte mir eigentlich dicht auf den Fersen sein. Ich schaute mich um. Da sah ich ihn liegen, zusammengekrümmt. Die Lok hatte ihn erwischt. John starb wenige Augenblicke später in meinen Armen. Inzwischen war auch Frank da. Er schrie laut auf und weinte.

Nach meinem Abitur zog meine Mutter nach München. Ich machte mit meiner Freundin Schluß. Sie war sehr traurig darüber. Ich tat ihr weh damit, aber ich wollte unabhängig und ungebunden sein. Freiwillig meldete ich mich zur Bundeswehr. Fallschirmjäger – das war eine neue Anforderung für mich. Die zwei Jahre in Calw und Altenstadt gefielen mir sehr. Dann wurde es langweilig, auf Dauer war es mir doch zu lasch. Ich brauchte was anderes, neue Herausforderungen. Meine Mutter war oft sehr niedergeschlagen, aber ich kümmerte mich kaum um sie. So buchte ich einen Flug in das Land des Nordens.

Fallensteller in Kanada

Nach einigen Monaten Erntehilfe für Kost und Logis bei einer sehr netten Familie trampte ich weiter nach Norden. Ich wollte in die Wildnis. Weit oberhalb vom Oberen See lernte ich einen Fallensteller kennen. Wir verstanden uns sehr gut. Wilf lebte mit seiner Frau Bi und seiner jüngsten Tochter Britta weit draußen, weit ab von Weg und Steg. Wir jagten und arbeiteten zusammen. Überall hin, wohin wir wollten, trug das Kanu uns. Und wir trugen das Kanu von einem See zum nächsten. Das Leben im Norden gefiel mir sehr. Mein Jugendtraum hatte sich erfüllt. Leider konnte ich nur einige Wochen bleiben. Bevor ich abreiste, redete Bi mit ihrem wortkargen Gast.

„Andreas, glaubst Du eigentlich an Gott?" „Ja." „Für uns ist das wichtig. Wir glauben, daß Jesus der einzige Weg zu Gott ist." „Hm."

Mit „Hm“ meinte ich, daß sie wirklich keine Ahnung hatte von all den wunderschönen Wegen zu Gott: Magie, Erleuchtung, Hellsehen, Handlesen und die östlichen Religionen, womit ich mich viel beschäftigt hatte. Allerdings war mir noch nicht aufgefallen, daß ich trotzdem weit weg war von Gott. Ich kam allein zurecht, brauchte niemand – auch Gott nicht.

Die Einsamkeit der Sahara und die Abenteuer der Wüste lockten mich von meinen neuen Freunden weg. Mit Georg plante ich Expeditionen durch die abgelegene Tennere' in Niger, durch Algeriens Hoggar Gebirge und nach Timbuktu in Mali. Etliche Touristen begleiteten uns und finanzierten so unsere Abenteuer. Auf diese Weise kamen wir schließlich bis Niamey, der Hauptstadt von Niger.

Hier liege ich nun neben meinem Unimog im Sand. Nachts ist es hier nicht mehr so kalt wie in der Sahara. Die Sterne sind wirklich heller als Zuhause. Aber ich habe ja kein Zuhause. Ich schlafe ein.

Der kühle Morgenhauch umweht mich: Aufstehen! Bald geht es weiter, wieder nach Norden. Wie arm die Leute in Bilma sind. Diese kargen Oasen glitzern wie Smaragde im gelben Sand. Wir finden einen versteinerten Wald, durchforschen Höhlen nach alten Höhlenmalereien und Pfeilspitzen. Die Expeditionsteilnehmer sind begeistert.

Nach zehn Tagen Wüste kommen wir zurück nach Agadez. Die Stadt kommt mir vor wie eine grüne Perle. Der Anblick erfrischt die Augen nach den verschiedenen Gelbtönen von Sand und Fels. Als Profi verachtet Georg die Touristen, die auf der Trans-Sahara-Route hier durchreisen. Ich höre ihnen zu. Sie erzählen, wo sie waren, wo sie hinwollen, und daß sie weg wollen. Haben sie denn keine Augen für die Schönheiten hier? Sie erleben das, wovon viele nur träumen. Aber sie sind unzufrieden, entwurzelt und umhergetrieben. Im Herumreisen und im Abenteuer liegt also auch nicht die Erfüllung. Wo dann?

Wahrscheinlich in Kanada. Also kehre ich zurück zu Wilf und Bi in die Wildnis von Nord-Ontario. Hier kann ich meinem Prinzip treu sein: Ich helfe Dir, Du hilfst mir. Da ich hart arbeite, ist es für mich selbstverständlich, daß ich in die Familie aufgenommen werde. Ich will niemand etwas schuldig bleiben. Mit Wilf, Bi und Britta verstehe ich mich wirklich gut. Jeder Bereich des vielseitigen Lebens in der Einsamkeit interessiert mich brennend. Ich arbeite hart und unterrichte Britta im Rechnen. Kein Wunder, daß sie mich mögen, wo ich mich doch so toll einbringe!

Übermütig springe ich von der Treppe. Die Stufen benütze ich nie. Mein Fuß knickt um. Das Gelenk schwillt an und ich kann nicht mehr gehen. Wenn ich den Fuß nicht hochlege, werden die Schmerzen fast unerträglich. Nun müssen Wilf und Bi meine Arbeit einige Zeit mit erledigen. Das bedeutet für sie eine furchtbare Schinderei, denn alle gefangenen Fische müssen bei dem heißen Wetter sofort verarbeitet werden. Als Wilf am Abend todmüde reinkommt, versucht er noch, mich aufzumuntern. Freundlich setzt er sich zu mir. Eine eigenartige Familie.

In der Zwischenzeit ist mir einiges aufgefallen. Sie lügen nicht, sogar wenn es zu ihrem Vorteil wäre. Vielleicht haben sie ein schlechtes Gewissen dabei. Wir haben nie darüber geredet. Meine Freunde hätte ich nicht angelogen, aber ich hätte ein schlechtes Gewissen bekommen, wenn ich zum Finanzamt ehrlich gewesen wäre. Außerdem bin ich als Student eingeschrieben und damit kostenlos versichert, unrechtmäßiger Empfänger von Waisenrente usw. So habe ich alle schlauen Tricks ausgenutzt, mich überall allein durchgeschlagen, ohne jemand zu brauchen. Und es hat mir nichts ausgemacht, dabei zu lügen.

Warum ist Wilf nicht wütend auf mich? Ich habe ihm doch durch meine Schuld viel Arbeit und Ärger eingebrockt. Außerdem müssen sie mich jetzt versorgen. Mir ist klar, daß ich das nie wieder gutmachen kann. Dadurch ist mein Stolz verletzt und ich bin wütend auf alle. Langsam dämmert mir, daß

Wilf und Bi mich nicht deshalb mögen, weil ich so gut mitarbeiten kann, sondern einfach so. Sie lieben mich ohne Grund, einfach weil ich da bin. Das habe ich noch nie erlebt. Es ärgert mich, weil ich mich nicht revanchieren kann. Ich könnte ihre Hilfe und Freundlichkeit ablehnen. Aber das würde sie verletzen, und das will ich plötzlich nicht mehr. Es brodelt in mir.

Ich lese ein Buch, um mich abzulenken. Darin erzählt ein Mädchen, wie sie Christ wurde. Alles, was sie über Jesus sagt, weiß ich schon lange: Jesus half allen, er war ein guter Mensch. Er kam, um Sünder zu retten. Dafür starb er am Kreuz. Sünde ist so schlimm, daß man dafür sterben muß. Aber Jesus hat diese Strafe am Kreuz bezahlt für die, die Ihn in ihr Herz und ihr Leben reinlassen. Gott liebt die Menschen und hat deshalb seinen Sohn geschickt, um uns zu ihm zurückzubringen. Das ist mir im Grunde nicht neu. Das habe ich schon im Religionsunterricht gehört. Ich schaue nachdenklich zum Fenster hinaus.

Beim Nachdenken begreife ich, daß Gott mich liebt. Er hat seinen Sohn Jesus gesandt. Für mich! Gott wollte mir immer helfen, aber ich habe seine Hilfe mein ganzes Leben lang abgelehnt. Ich dachte: „Ich komme allein zurecht." Das wollte ich ja immer beweisen. Damit habe ich auch Gott abgelehnt.

Ich habe ihn dadurch sehr verletzt – denn Er liebt mich.

Die bisher leeren Begriffe aus dem Religionsunterricht füllen sich mit Leben! Ich lese, wie Jesus im Neuen Testament Sünde beschreibt. Nach Gottes Maßstab müßte ich also verurteilt werden. Auf ein religiöses Leben ohne Gott folgt eine Ewigkeit ohne Gott. Mir wird klar, daß ich verloren bin, Vergebung brauche. Wie kann Gott verzeihen? Übersieht er die Schuld? Das Kreuz ist die Antwort! Jesus hat am Kreuz meine Strafe bezahlt, ist dort für mich gestorben, an meiner Stelle. Bi hat Recht gehabt. Jetzt verstehe ich, warum Jesus der einzige Weg zu Gott ist. Buddha, Hesse und Konfuzius suchten selbst nach Vergebung. Vergebung ist nur möglich durch Jesus.

Ich spreche mit Gott und Jesus – beginne, ihm zu vertrauen. Ich nehme Jesus in mein Herz auf. Tränen rinnen über meine Wangen. Das dort am Kreuz jemand an meiner Stelle stirbt, bringt mich zum Weinen! Habe ich schon mal geweint? Es ist jedenfalls sehr lange her.

Nun bin ich wirklich ruhig und zufrieden. Gott hat mir vergeben. Jesus ist wirklich der einzige Weg zu Gott, wie Bi gesagt hatte. Mein Glück war früher ungetrübt, aber leicht zerbrechlich, immer von neuen Abenteuern abhängig. Die Grundlage für meine

Ruhe und mein Glück liegt jetzt nicht mehr in mir und meinen Abenteuern. Sie liegt bei Gott, und ist unabhängig von den Umständen, in denen ich mich befinde. Mein Bein tut noch weh, und ich muß die Hilfe anderer in Anspruch nehmen, aber das trübt mein Glück und meine Beziehung zu Gott nicht.

Die nächsten drei Wochen mit Wilf und Bi genieße ich sehr. Wir verstehen uns noch besser. Ich spreche viel mit dem Herrn Jesus und ich verstehe, was er mir sagen will, wenn ich in der Bibel lese. Die Zeit vergeht wie im Flug. Bald muß ich weiter und verabschiede mich. Meine Schwester erwartet, daß ich zu ihrer Hochzeit erscheine.

Auf dem Rückweg muß ich noch bei einem anderen Blockhaus vorbei, wo Wilf und Bi den Winter zubringen werden. Es liegt einige hundert Meilen entfernt. Am Ecksee angekommen, trennen mich nur noch wenige Seen von meinem Ziel, wo ich mein Gepäck vor einigen Wochen zurückgelassen habe. Wie gewohnt, benutze ich ein Kanu nach dem anderen. Zwischen den Seen lege ich die kurzen Tragstrecken schnell zu Fuß bis zum nächsten Gewässer zurück, wo das nächste Kanu verborgen bereitliegt.

Ich fahre aus dem Fluß hinaus auf den See, wo mich der dichte Nebel fast blind macht. Später schleckt die aufgehende Sonne den Nebel auf, wärmt mich. Sie läßt das Eis am Ufer glitzern und den Indianersommer farbenprächtig strahlen. Schnell erledige ich einige kleine Arbeiten, um die Wilf mich gebeten hatte. Er weiß, daß er sich auf mich verlassen kann. Das ist beim Zusammenleben in der Wildnis die Grundvoraussetzung. Nun verstaue ich mein Gepäck. Das eiskalte Wasser plätschert lustig um mein Paddel. Jedes Kanu verstecke ich sorgfältig, nachdem ich es benutzt habe. Es kann lebenswichtig sein, daß alles am richtigen Platz liegt und gut funktioniert.

Am Ecksee schiebe ich mich vom Ufer weg und starte den kleinen Außenborder. Beim Abdrehen heult der Motor auf und versinkt vor meinen Augen im See. „O, nein!", denke ich. „Den Motor nicht richtig festgeschraubt – wie kann mir nur so ein dilettantischer Fehler passieren?" Das darf niemand erfahren. Ich will ja nicht als Anfänger dastehen. Ich tauche und hole den Motor aus dem eiskalten Moorwasser. Der Motor ist hin, aber ich bringe alles ins Versteck, als ob nichts passiert wäre. Ich vertusche es einfach. So habe ich es immer gemacht. Nur eine kleine Lüge. Aber sie schiebt sich wie eine Wolke zwischen mich und Gott. Und ich merke es nicht. Dann fliege ich zurück nach München, zur Hochzeit meiner Schwester.

Nach der Hochzeit bleibe ich in München. Eigentlich hasse ich die Zivilisation. Ich will weg. Eine neue Möglichkeit tut sich auf: Mitarbeit in einem Trainingscamp am Nordrand der Sahara. Klingt gut. Ich bekomme den Job und beginne zu packen. Ich reise wie immer mit leichtem Gepäck. „Andreas, nimm doch eine Bibel mit", sagt meine Schwester zum Abschied. „Nein." Eine Bibel gehört wirklich nicht zum leichten Gepäck! Die Lüge steht wie eine Wand zwischen mir und dem Herrn Jesus, der Hunger nach Gottes Wort und nach Gebet ist weg.

Im Camp beeindruckt mich Helmut am meisten. Wir haben gemeinsame Hobbys. In unserer Freizeit bringt mir Helmut Fechten bei und verbessert meinen Umgang mit dem Messer, das ich immer versteckt mit mir herumtrage. Er liest viel. Helmut berichtet von dem Mut des Odysseus, der Brutalität Kongo-Müllers, der List Davids gegenüber Goliath. „Heute las ich über die Kriege der Philister in der Bibel ..." Ich unterbreche Helmut sofort. Bei dem Wort Bibel bricht ein Verlangen in mir auf: Ein Lichtstrahl durchbricht die Wolkenwand zwischen Gott und mir.

„Du hast eine Bibel?" „Ja, natürlich. Es ist ein sehr gutes Buch. Ich lese ab und zu darin." „Bitte, kannst Du es mir ausleihen?"

Ich beginne, täglich darin zu lesen. Die Bibel wird mir wichtiger als meine Hanteln und mein Messer.

In der Siesta sitze ich auf dem Dach. Die Sonne brennt herunter. Ich lese. „Stimme eines Rufenden in der Wüste." Ich kann mir die Situation in der Wüste gut vorstellen. „Gott vermag aus diesen Steinen dem Abraham Kinder zu erwecken."

Als ich darüber nachdenke, wird mir klar: Mein Herz war früher hart wie Stein, aber jetzt bin ich ein Kind Gottes mit einem veränderten Herzen. Ich komme mir hier im Camp fehl am Platz vor. Was tue ich überhaupt hier? Ich will zurück nach Kanada. Den Job gebe ich auf, und die Bibel bleibt bei Helmut.

Ich reise über München. Wieder will mir meine Schwester eine Bibel mitgeben. Wieder lehne ich ab. Meiner Mutter geht es nicht gut. Sie hat schwere Depressionen. Trotzdem fliege ich bald nach Kanada weiter. Bevor ich eine Arbeit bei Outward Bound beginne, besuche ich Wilf und Bi. „Weißt Du, was mit dem Motor am Ecksee passiert ist?" fragt Wilf eines Tages. „Nein, was war denn damit?" Wieder lüge ich, und es macht mir fast nichts aus.

Überlebenstraining in der Wildnis

Outward Bound hat ein Camp am Lake Nippigon. Von dort aus werden verschiedene Kanu-Touren unternommen. Kursteilnehmer aus dem Süden kommen, um Abenteuer zu erleben, ihren Charakter zu bilden oder um eine Art Überlebenstraining für Laien mitzumachen.

In der Wildnis fühle ich mich wie Zuhause und ich bekomme einen Job für die Sommersaison. Wochenlang durchqueren wir das Land der Seen und Flüsse mit den Kanus. Am Ende der Tour kommen wir wieder ins Camp. Wir sitzen in der Küche zusammen und die anderen reden. John kommt herein. Sofort beginnen einige, ihn zu hänseln.

„Hallo John, wo kommst Du denn her?" „Heute ist Sonntag und ..." „Sonntag? Was machst Du denn am Sonntag?" „Was man halt am Sonntag so macht. Einen Sonntagsspaziergang habe ich gemacht, und Bibel gelesen ..."

Die Wolke bekommt einen Riß. Eine Bibel im Camp! „John, kannst Du sie mir leihen?" frage ich. In Johns Blockhaus bekomme ich die Bibel. Ich beginne zu lesen. Mir wird deutlich, daß ich selbst eine brauche. Ich besorge mir eine aus der Stadt. In Deutschland habe ich eine, aber ich habe sie gestohlen. Wie so vieles, was ich besitze.

Durchs Lesen der Bibel wird mir endlich meine Situation deutlich. Die Lüge liegt auf meinem Gewissen, sie liegt wie eine Wolke zwischen mir und

Gott. Ich verstehe, was zu tun ist. Da ich Jesus schon in mein Leben aufgenommen habe, muß ich jetzt zu ihm umkehren und meine Lüge vor Gott zugeben und auch Wilf um Verzeihung bitten.

Ein innerer Kampf beginnt. Wenn ich zugebe, daß diese Lüge nicht entschuldbar war, dann muß ich auch alle anderen verurteilen, und ich darf auch in Zukunft nicht mehr lügen. Nach zwei Wochen bin ich bereit, mich zu ändern. Ich will mit Gott leben, nur er kann wirklichen Frieden geben. Aber Wilf? Wenn er weiß, daß ich so unzuverlässig bin und ihn angelogen habe, wird er mir nie mehr vertrauen. Das bedeutet, daß ich mir die gemeinsame Jagd abschminken kann. Wahrscheinlich wird er so enttäuscht sein, daß er mich nie mehr sehen will. Nun muß ich mich entscheiden: ist es mir wichtiger, mit Wilf in der Wildnis zu leben, oder will ich mit Jesus leben?

Vier Wochen lang überlege ich, bevor ich mich entscheide. Dann ist mir wichtiger, was Gott über mich denkt, als was Wilf von mir hält. Ich gebe vor Gott alles zu, und schreibe Wilf einen Brief. Darin erkläre ich, was wirklich passiert ist, daß ich die Sache mehrmals abgestritten habe und daß ich annehme, daß er mir nicht mehr vertraut und nichts mehr mit mir zu tun haben will. Trotzdem gebe ich alles zu und bitte um Verzeihung.

Die Wolke ist ganz weg! Das ist das Wichtigste. Am Ende der Saison weiß ich nicht, wie mein Weg weiter geht. Da kommt eine Nachricht von Wilf. Er hat meinen Brief bekommen. „Alles in Ordnung. Komm vorbei und bleib für die Pelzjagd im Winter." Ich bin überglücklich. So bald wie möglich verlasse ich das Camp. Wilf, Bi und Britta bereiten mir einen herzlichen Empfang. Und auch der ganze Winter ist von dieser Wärme geprägt. Ich weiß, daß ich es ihnen nie zurückgeben kann, aber es macht mir nichts mehr aus. Ich bin in der Lage, Hilfe anzunehmen!

Hier bin ich ganz in meinem Element. Alle Seen sind zugefroren und wir können mit Schneeschuhen oder Schlitten überall hin. Bis ich mich an die Temperatur gewöhnt habe, friere ich erbärmlich, aber mein Herz taut immer mehr auf. Ich beginne, mir Gedanken über meine niedergeschlagene Mutter zu machen. Ich werde meiner Schwester und ihr schreiben, ihnen vom Herrn Jesus erzählen und sie vor den ganzen falschen Lehren warnen, auf die ich reingefallen bin. Auch für meine Freunde Werner und Reinhard, für Helmut und andere Bekannte beginne ich zu beten, daß sie zu Gott finden.

Einmal bin ich unvorsichtig beim Überqueren des Sees. Unter mir bricht das Eis und das schwarze Moorwasser schwappt über die Eisschollen. Mein Schlitten versinkt im See. An der Wasserstelle ist das

Eis über einen Meter dick, aber hier hat die Strömung unter dem Schnee das Eis unbemerkt dünn geleckt. Immer neue Schollen brechen ab, als ich mich aus dem Wasser herausziehen will. Verzweifelt versuche ich es immer wieder.

Oft habe ich mir eingeschärft, was in solchen Situationen zu tun ist: Keine Panik, auch wenn das Eis am Rand meines Loches bricht. Ich muß versuchen, mein Gewicht beim Herausziehen auf eine möglichst große Fläche zu verteilen. Schließlich gelingt es mir. Eigentlich müßte ich mich sofort im trockenen Schnee wälzen, damit die Nässe aus meiner Kleidung gezogen wird, bevor sie gefriert. Aber zuerst knie ich mich hin und spreche mit meinem Retter:

„Danke, Herr. Du hast mich wieder vom Tod gerettet. Ich gebe Dir mein Leben ganz. Dein Wille geschehe." In meiner Jackentasche klappern die sicher verpackten Streichhölzer. Schnell zum Ufer und ein Feuer anzünden? Nein. Ich bin nicht zu weit weg vom Blockhaus. Ich komme dort an, bevor meine Kleidung steif gefroren ist.

Neue Herausforderungen

Durch das Lesen der Bibel verstehe ich, daß Gott die Menschen liebt. Mir waren sie bisher egal, und

Abenteuer waren mir wichtig. Ich lese in der Bibel von Gemeinde und will das gerne kennenlernen. Obwohl ich in einer Kirchengemeinde aufgewachsen bin, habe ich Gott dort nicht gefunden. Die Kirche in Deutschland und die Kirche in der Bibel unterscheiden sich sehr. Kirche, so wie in der Bibel, und die Möglichkeit, Menschen zu Jesus zu führen, das will ich kennenlernen. Ich entschließe mich deshalb, nach Deutschland zurückzukehren. Jetzt, da ich weiß, daß Gott mich dort haben will, wird es mir nicht mehr so schwer fallen, in der Zivilisation zu leben. Eigenartig, ich freue mich sogar darauf, auch auf meine Mutter.

Der Abschied von Wilf und Bi nach dem gemeinsamen Winter geht schnell und tut mir nicht weh. Uns allen ist klar: Durch den Glauben an den Herrn Jesus sind unsere Herzen eng miteinander verbunden. Wir sind sicher, daß wir uns im Himmel wiedersehen werden. Dort ist unser neues Zuhause.

In München suche ich zuerst meine Mutter auf. Ich bitte sie um Verzeihung für alles, was ich ihr angetan habe. Dabei stelle ich mit großer Freude fest, daß meine Mutter, meine Schwester und auch ihr Mann inzwischen echte Christen geworden sind. Meine Mutter hilft mir, Arbeit auf einem Bauernhof in der Oberpfalz zu finden. Mit den Bauern besuche ich eine christliche Gemeinde in Regensburg, wo ich freundlich auf- und angenommen werde. Nach einem Jahr suche ich Arbeit in der Stadt. Ich will mehr unter Menschen sein. Gott liebt sie, und ich will, daß sie ihn kennenlernen.

Weil Gott mir vergeben hat, versuche ich mein Leben Schritt für Schritt so zu ordnen, wie es Gott gefällt. Ich stelle mich beim Finanzamt und zahle die hinterzogene Erbschafts- und Einkommensteuer zurück. Bei der Krankenkasse entrichte ich die Beiträge, die ich mir durch mein Scheinstudium erschwindelt habe. Bei der BVA lasse ich die Waisenrente berechnen, die mir nicht gehört. Manchmal bin ich deshalb mit dem Geld sehr knapp, und manchmal fällt es mir schwer, ganz ehrlich damit zu sein.

Jedenfalls ist es eine spannende Herausforderung, mit dem Herrn Jesus zu leben. Ich bringe alles in Ordnung, was mir einfällt. Nach und nach entdecke ich viele Gegenstände, die ich habe, die mir aber nicht gehören. Ich beginne, sie zurückzubringen, oder mit Briefen zurückzusenden. So werde ich mit einigen geklauten Schulbüchern auch meine alte Bibel los. In Briefen an die Schulleitung oder an meine früheren Vorgesetzten bei der Bundeswehr erkläre ich, wo ich das alles her habe und bitte um Vergebung.

Ich schreibe an einige Mädchen, die ich durch mein Verhalten sehr verletzt habe. Dabei erwähne ich auch, wie sich mein Leben durch den Herrn Jesus geändert hat. „Bitte verzeih mir. Ich habe Dir weh getan. Mir tut es leid, wie ich mich Dir gegenüber verhalten habe."

Mein Patenonkel ist ein überzeugter Gegner des Christentums. Da ich ihn sehr schätze, fürchte ich, daß wir uns nicht mehr so gut verstehen werden wie früher. Er macht nur einige Andeutungen, „weil er meinen Glauben nicht zerstören will". Ohne sein Wissen stelle ich mich dieser Herausforderung. Aus früheren Unterhaltungen kenne ich einige der Argumente und die entsprechenden Autoren. Ist meine Beziehung zu Gott nur Einbildung?

Im Laufe der Zeit beschäftige ich mich mit den Argumenten von Albert Schweitzer, Bertram Russel, Rudolf Bultmann und Karlheinz Deschner. Ich bin enttäuscht, wie oberflächlich manche der Argumente sind. Einige kann ich selbst beantworten, für andere finde ich befriedigende Antworten von Fachleuten, Historikern und Archäologen. Meine Beziehung zu Gott durch den Herrn Jesus beruht also doch auf historischen Tatsachen, die Bibel ist nicht voller Widersprüche.

In München beginne ich eine Lehre als Gebäudereiniger, und arbeite seitdem als Fachkraft in diesem Handwerk. Es ist auch nicht so schwer, hier in der

Stadt eine christliche Gemeinde zu finden, wo ich in meiner Freizeit mithelfen kann. Hier lerne ich auch jemand kennen, der mich bittet, meine Geschichte für ein Buch aufzuschreiben. Das ist aber nicht der einzige Grund, warum Du das hier liest. Gott will, daß auch Du ihn kennenlernst.

Gitti Niederseer

„Jeder hat so seinen Vogel ..."

Mein Start in dieses Leben war denkbar gut – und sehr solide. Die Kindheit verbrachte ich in Eisenerz, einer kleinen, von Bergen umgebenen Stadt in der Obersteiermark (Österreich). Über meine Heimatgemeinde kursiert der Witz, daß der einzige ebene Fleck dort der Fußballplatz sei.

Unsere Familie war ein Nest voller Geborgenheit und Liebe. Ich hatte wirklich Glück, denn nach drei Brüdern kam ich als die von meinem Vater sehnlich erwünschte erste Tochter zur Welt. Als ich sieben war, wurde meine Schwester geboren. Oft war ich mit meinen Geschwistern und ihren Freunden unterwegs und das Bauen von Baumhütten war mir jedenfalls vertrauter als Puppenspielen. Vielleicht ist meine Erinnerung idyllischer als die Wirklichkeit damals, doch jedenfalls denke ich sehr gerne an meine Kindheit zurück.

Religion spielte in unserem Familienleben keine große Rolle. Mein Vater war durch Erlebnisse während des

Krieges nicht gut auf die Kirche zu sprechen und übertrug diese Aversion ganz allgemein auf den Glauben. So war ich zwar katholisch und besuchte auch den Religionsunterricht, Tiefgang gab es jedoch in dieser Hinsicht keinen.

Nach dem achten Schuljahr war eine Entscheidung über den weiteren Ausbildungsweg zu treffen. Da es in Eisenerz nur wenige Möglichkeiten gab, fiel unsere Wahl auf eine berufsbildende höhere Schule in Graz, ca. 100 km von Zuhause entfernt. Auch meine Brüder gingen aus demselben Grund auswärts zur Schule und die Kosten, die meine Eltern für die Ausbildung von uns Kindern zu tragen hatten, waren enorm. Die nächsten zwei Jahre wohnte ich ohne große Begeisterung in einem Internat, wo es für meinen Geschmack viel zu wenig frische Luft und zu wenig Sport gab. Nur um aus dem Internat herauszukommen, nutzte ich das kulturelle Angebot und besuchte alle angebotenen Veranstaltungen vom Rezitationsabend über Faust bis zum Fliegenden Holländer in der Oper. Sogar der katholischen Jugendgruppe schloß ich mich an – eine Jungscharstunde abends in der Stadt und manche Wochenendaktivitäten sorgten für Abwechslung. Manchmal hatte ich bei einem Vortrag das Gefühl, als würde eine verschlossene Tür einen Spalt breit geöffnet, doch der Tiefgang blieb auch hier aus.

Nach zwei Jahren meiner Grazer Schulzeit lag ich

meinen Eltern so lange in den Ohren, bis sie mir erlaubten, das Internat zu verlassen und gemeinsam mit einem meiner Brüder ins leerstehende Haus meiner verstorbenen Großmutter zu ziehen. Eine Zeit der neuen Freiheit begann und in den verbleibenden drei Schuljahren fing das an, was ich für das wirkliche Leben hielt.

In den nächsten Ferien traf ich einen Freund meines Bruders, der in Graz Medizin studierte. Er war der Leiter einer sehr aktiven Jungmannschaftsgruppe des Alpenvereins und lud mich in diese Clique ein. So begann meine Karriere als Bergsteigerin. Obwohl ich in dieser Zeit nicht nur erfolgreich die Schule absolvierte und vom Tanzkurs bis zur Fahrschule vieles unternommen habe, bleibt das Vorherrschende in meiner Erinnerung doch das Bergsteigen. Ich hatte in der Alpenvereinsgruppe wirklich gute Freunde gefunden und wir verbrachten einen Großteil unserer Freizeit zusammen.

Zielstrebig und rücksichtslos

Gleich meine erste Bergtour mit ihnen wurde zu einem Härtetest. An einem verlängerten Wochenende Anfang November unternahmen wir eine Fahrt zum Koppenkarstein in der Nachbarschaft des Dachsteins. Wir brachen abends in Graz auf, und mit den VW-Käfern, die teilweise älter waren als wir selbst, dauerte es eine Weile, bis wir an Ort und Stelle waren. Erst nach Mitternacht kamen wir in der Ramsau am Dachstein an, und da wir als Schüler und Studenten immer an chronischem Geldmangel litten, machten wir – wie auch später noch oft – nicht viel Umstände mit Quartiersuche, sondern legten uns gleich neben dem Parkplatz mit den Schlafsäcken in den Straßengraben.

Es war meine erste Übernachtung im Freien und ich fand den Sternenhimmel viel zu schön um bald einzuschlafen. Außerdem war es so kalt, daß ich froh war, als schon vor fünf Uhr der Aufstieg zum eigentlichen Beginn der Klettertour erfolgte. Ich fühlte mich zwar hundemüde und hungrig, doch als wir bei Sonnenaufgang den Ausblick über die nebeligen Täler und sonnenübergossenen Berge genießen konnten, war ich reichlich entschädigt.

Beim Einstieg wurde endlich gefrühstückt, dann begann die Kletterei. Unsere Tour war eine Route im vierten Schwierigkeitsgrad, was mich ziemlich überforderte, da ich bisher in den Bergen zwar viel gewandert, aber nie geklettert war. Für mich war es nicht nur schwierig, sondern auch sehr lang. Da mehrere Seilschaften unterwegs waren, und wir wegen Steinschlag aufpassen mußten, kamen wir nur langsam vorwärts und erreichten den Gipfel erst bei Sonnenuntergang. Glücklicherweise stand knapp unter dem Gipfel eine kleine Hütte – nicht viel mehr als ein Bretterverschlag, doch drinnen waren ein Ofen und Brennholz und so konnten wir Tee kochen.

Es wurde ein gemütlicher Abend mit Erzählungen von vergangenen Bergfahrten und natürlich mit dem Schmieden neuer Pläne. Wir hatten einige Stimmungskanonen unter uns, daher ging der Stoff zum Lachen nie aus. Schließlich ließen wir das Feuer ausgehen und legten uns wieder mit den Schlafsäcken auf den Boden. Die Nacht war sehr kalt. Draußen lag schon der erste Schnee, wir befanden uns über 2000 m Höhe und der Wind pfiff durch die Ritzen der dünnen Bretterwand. Geschlafen habe ich wieder nicht viel, aber das war mir egal. Am nächsten Morgen stiegen wir über den Normalweg ab und fuhren nach Graz zurück.

Vielleicht wäre ein Wochenendausflug dieser Art für jemand anderen ein Grund, mit dem Bergsteigen sofort wieder aufzuhören, ich aber war von meiner Einstandstour begeistert. Ich hatte Lunte gerochen.

In unserer Gruppe waren ausgezeichnete Bergsteiger, mit denen ich auch später, als ich mehr Übung hatte, nicht mithalten konnte. Beispielsweise war da einer, der noch keine siebzehn Jahre alt war, als er die Eiger-Nordwand bezwang. Warum ich trotzdem immer wieder mit von der Partie war, lag an unserer Freundschaft. Die Atmosphäre war locker und nicht ausschließlich leistungsorientiert. Der Spitzname unserer Clique war: die Trödler. Wir waren dafür bekannt, daß wir keinen Wert darauf legten, die Touren in Rekordzeiten zu bewältigen. Uns ging es um Erlebnisse und wenn sich ein gemütliches Biwak einschieben ließ, dann taten wir es. Hätte ich es dabei belassen, daß Bergsteigen eine schöne Freizeitbeschäftigung ist, hätte alles eine andere Richtung genommen. Doch ich machte die Berge zu meinem Lebensinhalt und steuerte damit auf eine Katastrophe zu.

Die erste negative Auswirkung meines neuen Lebensstils war, daß sich die Beziehung zu meinen Eltern drastisch verschlechterte. Meine Risikobereitschaft beim Klettern nahm zu und gipfelte in dem Satz: Es ist nicht wichtig, ob ich von einer Bergtour lebend nach Hause komme, es zählt nur, ob es schön war! Mein Vater kämpfte zu dieser Zeit schon mit einer Krebserkrankung und meine Einstellung belastete die ohnehin sehr angespannte Situation in der Familie zusätzlich. An manchen Bergtouren nahm ich trotz ausdrücklichem Verbot meiner Eltern teil. Zielstrebig war ich immer schon, jetzt wurde ich rücksichtslos.

1975 hat in meiner Erinnerung einen besonderen Stellenwert. Am 1. Februar starb mein Vater. Sein Tod war für die ganze Familie ein tragischer Verlust. Doch auch durch die direkte Konfrontation mit dem Sterben meines Vaters änderte ich mich nicht. In diesem Jahr machte ich auch meine Matura (entspricht dem Abitur). Ich hatte keine Vorstellungen, wie es beruflich oder ausbildungsmäßig weitergehen sollte, denn zu sehr war ich von einem faszinierenden Nahziel beherrscht.

Faszination Himalaja

Meine Freunde planten eine Expedition ins Karakorum und ich wollte mit. Meine Mutter versuchte mit allen Mitteln, mich von diesem Entschluß abzubringen – unter anderem schränkte sie die finanzielle Unterstützung ein, von der ich als Schüler natürlich abhängig war. Sie wollte damit meine Teilnahme an der Expedition verhindern, erreichte aber nur, daß ich nun neben der zeitintensiven Vorbereitung für Schulabschluß und Expedition auch noch für meinen Lebensunterhalt arbeiten mußte. Die Teilnahme an diesem Abenteuer erschien mir so lohnend, daß ich dafür jede Schwierigkeit in Kauf nahm. Bei dem Arbeitspensum, das ich zu bewältigen hatte, kam die sportliche Vorbereitung zu kurz und ich war körperlich nicht in der optimalen Verfassung.

Ich hatte einen späten Prüfungstermin, daher fuhren meine Freunde schon zwei Wochen vor mir mit einem Lkw und der ganzen Expeditionsausrüstung nach Pakistan ab. Ich bestand meine letzten Examen und nahm dann ein Flugzeug, um sie in Rawalpindi zu treffen. Das große Abenteuer hatte begonnen. Unseren Tatendrang mußten wir noch eine Weile bezähmen, erstens dauerte es, bis alle Formalitäten bei den Behörden abgewickelt waren, und zweitens war es schwierig, mit dem Flugzeug in den Norden zu kommen, da der Monsun bereits eingesetzt hatte und viele Flüge abgesagt werden mußten. Mit dem Auto konnte man in diesem Jahr nicht nach Baltistan kommen, da der Karakorum Highway gerade in Bau war. „The valley is blocked", hörten wir täglich am Flughafen, fuhren zurück in unser Hotel und versuchten es um fünf Uhr früh am nächsten Tag wieder. „Mayby today, or tomorrow or day after tomorrow" – diesen Satz habe ich in Pakistan wohl hunderte Male gehört. Endlich klappte unser Flug und im Gepäckraum einer alten DC3 flogen wir nach Skardu. Dort luden wir unsere Ausrüstung auf Traktoren und Geländewagen und fuhren bis zum Ende der Straßen und der Zivilisation.

Für die nächsten drei Monate waren wir auf uns selbst gestellt. Die Dimensionen der Landschaft fand ich atemberaubend – die Strapazen auch. Unser Ziel war der siebeneinhalbtausend Meter hohe

Skyang Kangri in der unmittelbaren Nachbarschaft des K2. Zwei Wochen waren wir mit Trägern unterwegs, bis wir den Platz unseres Basislagers erreichten. Dort schickten wir die Träger zurück und waren endgültig alleine. Wir errichteten unsere kleine Zeltstadt in knapp fünftausend Metern Höhe auf einer Mittelmoräne des Godwin Austin Gletschers nördlich von Concordia. Das Panorama war überwältigend – K2, Angel, Broad Peak und Chogolisa bildeten unter anderem die Kulissen.

Mit dem Wetter hatten wir kein Glück. An den ersten Tagen im Basislager wechselten Schneeregen, Regen und Schneefall ab. Wir richteten nur das Notwendigste und warteten dann eine Wetterbesserung ab. Kleidung, Zelte und Schlafsäcke sogen sich mit Feuchtigkeit voll. Es war schwierig, sich warm zu halten. Ich war wohl nicht konsequent genug, regelmäßig zu essen. Der Gedanke, nachts bei unter zehn Grad minus aufzustehen, mich anzuziehen, zu dem dafür bestimmten Örtchen auf der anderen Seite der Moräne zu gehen und den Hintern in den kalten Wind zu halten, hielt mich auch davon ab, genug zu trinken.

Tagelang lag ich im feuchten Schlafsack, fror und döste vor mich hin. Ich erkältete mich, verspürte auch leichte Halsschmerzen, ignorierte aber meinen Zustand so lange, bis ich nicht mehr fähig war, etwas dagegen zu tun. Aus der leichten Erkältung war eine Lungenentzündung geworden. Ich hatte hohes Fieber, war apathisch und nicht einmal mehr in der Lage, den Reißverschluß meines Schlafsackes selbst aufzumachen.

Wäre nicht bei meinen Freunden plötzlich eine hektische Aktivität um meine Person ausgebrochen, wäre mir mein kritischer Zustand wahrscheinlich gar nicht bewußt geworden, ich wäre eingeschlafen, um nicht mehr aufzuwachen. Meine Freunde sorgten für Medikamente – wir hatten mehrere Container mit medizinischer Ausrüstung mit – und überredeten mich mit viel Geduld zur Flüssigkeitsaufnahme und zum Essen.

Als ich erschöpft in meinem Zelt lag und mir bewußt wurde, daß mein Leben hier zu Ende gehen könnte, ergriff mich die nackte Angst. Starke Sprüche wie: „Hauptsache, es war schön!" fand ich nun wenig hilfreich. Obwohl ich nur wenige Monate vorher mit dem Tod meines Vaters konfrontiert worden war, habe ich dieses Thema doch nie mit mir persönlich in Beziehung gebracht. Der Tod – das war bis jetzt immer etwas, das andere anging. Mein Vater war mit zweiundfünfzig Jahren relativ jung gestorben und ich war nicht einmal zwanzig! Ich wollte nicht sterben und schon gar nicht hier und jetzt.

Erschrocken mußte ich mir eingestehen, daß ich keine Ahnung hatte, was nach dem Tod geschehen würde. Daß es irgendein höheres Wesen gibt, nahm ich zwar an, aber Konkretes wußte ich nicht. Mir kam der Gedanke, daß viele Leute beten, wenn es ans Sterben geht. Doch das schien mir zu billig. Ich dachte mir: Bis jetzt habe ich keinen Gott um seine Meinung gefragt, warum sollte er sich dann um mich kümmern. Deshalb habe ich damals nicht gebetet, doch ich beschloß, auf die Frage nach Gott und dem Woher und Wohin des Lebens eine Antwort zu suchen, wenn ich dazu noch Gelegenheit bekommen würde. Ich wollte nicht ein weiteres Mal so hilflos dem Tod in die Augen schauen müssen.

Ich erholte mich zwar, war aber weiterhin sehr schwach. In dieser Höhe kommt man nur sehr langsam wieder auf die Beine. Bergsteigerische Großtaten habe ich also keine mehr vollbracht. Von einigen Ausflügen in die Umgebung abgesehen, blieb ich für die restliche Zeit im Basislager. Außer schlafen, kochen, Wasser holen oder Schnee schmelzen und essen hatte ich nichts zu tun. Mit so luxuriösen Tätigkeiten wie Körperpflege oder Wäsche waschen beschäftigt man sich in diesen Regionen nur sehr selten.

Um uns war eine Stille, die so intensiv war, daß ich manchmal dachte, ich kann meine Hand ausstrecken, um sie zu fassen. Wir waren hoch über der Vegetationsgrenze. Man hört dort keine Blätter im Wind rauschen, keine Insekten summen, keine Vögel singen. Nur die Geräusche, die man selbst verursacht, sind überdeutlich. Wenn es warm genug ist, gluckst das Tauwasser, und bei starkem Wind knattern die Zeltwände. Stundenlang lag ich da, um die sich verändernden Wolken zu beobachten. Die Faszination dieser großen Stille ist mir bis heute geblieben und zeitweise packt mich die Sehnsucht danach.

Damals fingen bereits manche Bergsteiger an, auch sieben- und achttausend Meter hohe Berge im sogenannten Westalpenstil zu besteigen. Ein kleines Team, wenig Gepäck und damit größere Flexibilität sind Vorteile, die auch bei kurzen Schönwetterphasen einen raschen Aufstieg bis zum Gipfel und einen ebenso raschen Rückzug ermöglichen. Wir hatten unsere Expedition jedoch im klassischen Stil geplant: Ein gut ausgerüstetes Basislager, langsames Akklimatisieren und Vordringen auf den Berg, Einrichten von Höhenlagern oder Materialdepots.

Lange Schlechtwetterphasen wurden meinen Freunden zum Verhängnis. Während der endlosen Schneestürme waren sie in den Hochlagern zum Abwarten gezwungen und, was am schwersten wog, der Rückmarschtermin war gekommen und damit gingen die Lebensmittelvorräte langsam zu Ende.

Da klarte es endlich auf, und die beiden, die sich im höchstgelegenen Lager befanden, wollten sich diese letzte Chance nicht entgehen lassen und versuchten, doch noch den Gipfel zu erreichen. Einer von ihnen kam mit schweren Verletzungen und Erfrierungen zurück und die Strapazen des Rückmarsches wären in seinem Zustand beinahe tödlich gewesen. Durch die Erfrierungen mußten später Teile der Finger beider Hände und seine Füße bis zum Mittelfußknochen amputiert werden. Der zweite, es war der Medizinstudent, der mich zum Bergsteigen gebracht hatte, kam nicht zurück. Er gilt bis heute als vermißt.

Ich hatte große Schwierigkeiten, meine abermalige Begegnung mit dem Tod zu verkraften. Zwar schien mir nun, daß das Leben doch ein zu hoher Preis für schöne Erlebnisse sei, doch gab es überhaupt etwas, wofür es sich lohnte zu leben und sich anzustrengen? Der Rückmarsch war in meinem noch immer geschwächten Zustand eine Tortur. Außerdem hatten wir die letzten Tage vor dem Erreichen des ersten Dorfes fast nichts mehr zu essen. Zu lange hatten wir mit dem Rückmarsch gezögert, außerdem blieben ein Materialdepot mit Lebensmitteln und das Lager III nach einem Schneesturm unauffindbar. Als wir die ersten menschlichen Siedlungen erreichten und Lebensmittel kaufen konnten, versuchten wir beim Essen vernünftig zu sein, um unsere Verdauung nicht zu überfordern. Unsere Vernunft sah allerdings so aus, daß wir z.B. den Verzehr von Eiern auf zehn Stück pro Tag und Person beschränkten.

Unsere Rückfahrt mit dem Lkw dauerte ca. zwei Wochen. Das gab mir die Chance, mich langsam mit den Gedanken an ein normales Leben zu Hause vertraut zu machen. Ich wußte noch immer nicht, was ich jetzt in Angriff nehmen sollte – Beruf oder Studium? Der Kulturschock war unvermeidlich und nach mehreren Monaten unterwegs wirkte Österreich wie ein spießbürgerliches Puppenhaus auf mich. Mein Frust war unbeschreiblich.

Bei den „Munis"

In dieser Stimmungslage befand ich mich, als ich in Graz eine Bekannte traf. Sie studierte Biologie und ich unterhielt mich ein Weilchen mit ihr. Begeistert erzählte sie mir, daß sie mit sehr netten jungen Leuten in einer Wohngemeinschaft lebe. Es würden auch Diskussionsrunden zu Weltanschauungsfragen veranstaltet, ob ich nicht Lust hätte, sie dort zu besuchen. Wir verabredeten uns gleich für den nächsten Abend und ich brachte eine ehemalige Schulkollegin mit, von der ich wußte, daß sie an solchen Fragen interessiert war.

Ich hatte nach meinem ersten Besuch in der Wohngemeinschaft den Eindruck, daß die Leute dort genau wußten, wofür sie lebten und sehr konkrete Vorstellungen über richtig und falsch hatten. Natürlich hatte ich noch immer meine ungelösten Fragen über Gott und das Leben nach dem Tod im Hinterkopf, so sah ich es als Fügung, daß ich dieses Mädchen getroffen hatte und stürzte mich Hals über Kopf in die Auseinandersetzung mit den Lehren dieser Leute. Ich hielt ihre Weisheiten für die Rettung aus meiner Verzweiflung und merkte nicht, daß ich mit meinen Problemen vom Regen in die Traufe kam. Ich war in einem Zentrum der Mun-Sekte oder Vereinigungskirche gelandet.

Wenn ich heute die Aussagen der „Göttlichen Prinzipien“ – wie die Lehren Muns heißen – überdenke, dann frage ich mich wirklich, wie ich solch einen Unsinn jemals glauben konnte. Daß ich das damals nicht durchschaut habe, kann ich mir nur durch das Zusammenspiel mehrerer Faktoren erklären:

- Ich hatte mein Himalaja-Abenteuer noch nicht verarbeitet und war psychisch angeknackst.
- Mein Vater fehlte mir sehr.
- Ich hatte keine langfristigen Pläne für mein weiteres Leben.
- Ideologisch und religiös war ich noch nicht festgelegt.

- Wahrheit war etwas Relatives und unverrückbare Werte kannte ich nicht.
- Die Mitglieder der Mun-Sekte rückten mit dem, was sie für die Wahrheit hielten, nur scheibchenweise heraus. Gleichzeitig versuchten sie, mich durch freundschaftliche Beziehungen an sich zu binden.

Über die Lehren und Methoden der Vereinigungsbewegung – wie sie sich jetzt nennt – gibt es ohnehin sehr gutes Informationsmaterial, ich beschränke mich deshalb hier nur auf die Aspekte, die für mich maßgeblich wurden und werde meine subjektiven Eindrücke schildern. Zwei Bereiche aus den „Göttlichen Prinzipien" sind mir wichtig geworden: Die sogenannte *Errichtung der vier Positionen* und *das Gesetz der Wiederherstellung durch Wiedergutmachung*.

Auf einen einfachen Nenner gebracht, besagt die *Lehre über die Errichtung der vier Positionen* folgendes: Mann und Frau müssen jeder für sich ihre persönliche Vollkommenheit erreichen und eine harmonische Beziehung zu Gott aufbauen. Erst dann sind sie in der Lage, eine vollkommene Beziehung zueinander zu haben und können in einer vollkommenen Familie ihren Kindern einen optimalen Start für das Erreichen ihrer eigenen Vollkommenheit geben.

Im *Gesetz der Wiederherstellung durch Wiedergutma-*

chung wird behauptet: Gott ist heilig und gerecht, der Mensch aber unzulänglich und fehlerhaft, also sind die Menschen von Gott getrennt. Der Mensch kann nun durch das Zahlen von Wiedergutmachung diese Kluft überwinden, z.B. durch Beten, Fasten oder durch Leiden. Wiedergutmachung kann man auf verschiedenste Art leisten. Es kann das Ausführen von Tätigkeiten sein, die einem schwerfallen oder der Verzicht auf etwas, das man gerne hat oder tut. Auch Krankheit kann Wiedergutmachung sein. Handelt man bewußt oder unbewußt gegen die Gebote Gottes, vergrößert man die Entfernung zu Gott und muß später entsprechend mehr Wiedergutmachung leisten.

Diese Lehren werden durch Zitate aus der Bibel christlich verbrämt. Allerdings werden in den meisten Fällen weder der Kontext noch andere Aussagen der Bibel zum selben Thema berücksichtigt. Sogar halbe Sätze werden zitiert.

Gekrönt wird die Lehre durch die Schlußfolgerung, daß der Mensch seine Vollkommenheit erst dann erreichen kann, wenn ein geschichtliches Vorbild existiert. Ursprünglich war Adam dafür vorgesehen, dieser Prototyp zu sein. Da er versagte, sollte Jesus Christus zuerst seine Vollkommenheit erreichen, um dann eine Familie zu gründen. Da er jedoch von seinen Zeitgenossen vorzeitig abgelehnt und gekreuzigt worden ist, mußte Gott einen neuen Messias senden, der diese Aufgabe nun endlich erfüllen soll. Mun selbst nennt sich Herr der Wiederkunft und hat erklärt, daß er diese Basis der Vollkommenheit nun gelegt hat und daß jeder, der symbolisch sein Kind wird, diesen Weg ebenfalls beschreiten kann. Aus diesem Grund führen er und seine Frau auch den Titel „wahre Eltern".

Natürlich erfuhr ich damals nicht alles auf einmal. Langgediente Mitglieder haben keine Skrupel zu lügen, wenn es darum geht, jemanden bei der Stange zu halten. Es geschieht ja nur zum Besten des Neulings, wenn man ihn so behandelt, daß er sich zum Mitarbeiten entscheidet. So wurden meine Schulkollegin und ich mit Freundlichkeiten förmlich überschüttet. Man ließ uns merken, wie sehr man sich über unser Kommen freute und wie wertvoll unsere Mithilfe sei. Sie vermittelten uns den Eindruck, daß sie nur auf uns gewartet hätten. Die Leute waren wirklich nett und bald fühlten wir uns tatsächlich unentbehrlich. Schon nach kurzer Zeit zog ich in der Wohngemeinschaft ein und damit war die Chance, die Sache kritisch zu hinterfragen, drastisch gesunken.

Mein Ziel war nun nichts Geringeres als Vollkommenheit. Ich wollte zuerst an mir arbeiten, meine Unzulänglichkeiten ausmerzen und eine Beziehung zu Gott aufbauen. Ich sah dieses Ziel in nächster Nähe, deshalb scheute ich keine Mühe und dachte – je radikaler um so besser.

Im Zentrum arbeitete man gezielt mit Schlafentzug. Nicht daß mich jemand gewaltsam vom Schlafen abgehalten hätte. Es war einfach nicht möglich, genug Schlaf zu bekommen. Abends gab es Vorträge oder Diskussionen, die oft bis nach Mitternacht dauerten.

Niemand hatte ein eigenes Zimmer, sondern alle Mädchen und Frauen schliefen gemeinsam in zwei Räumen. Jeder breitete sich Matte und Schlafsack auf dem Boden aus. War es doch einmal gelungen, früher einzuschlafen, wurde man garantiert gestört, wenn die anderen sich niederlegten. Morgens um sechs Uhr war eine gemeinsame Gebetszeit von einer Stunde auf dem Tagesplan. Liegenzubleiben und länger zu schlafen war verpönt.

Zusätzlich waren noch häufig sogenannte Gebetsketten angesagt. Rund um die Uhr wurde jeweils für eine Stunde von zwei Mitgliedern gebetet, dazu stand man auch während der kurzen Nachtruhe noch auf. Manchmal gab es besondere Veranstaltungen, wo man überhaupt nicht schlafen ging. Beliebt waren „Vierzig – Kilometer – Märsche“: Nach dem normalen Tagesablauf begaben wir uns nicht wie gewöhnlich zur Ruhe, sondern gingen in einem großen Bogen um die ganze Stadt.

Am nächsten Morgen begann wieder ein gewöhnlicher Arbeitstag. Um Wiedergutmachung zu leisten und damit Gott und seinem Ziel der persönlichen Vervollkommnung näher zu kommen, war keine Anstrengung zu groß.

Gleiches wie für das Thema Schlaf galt auch für andere Bereiche, z.B. das Spenden von Geld. Nie hat mich jemand direkt darauf angesprochen, wieviel von meinem Einkommen ich geben sollte. Wie dringend es sei, die Missionstätigkeit zu unterstützen, wurde jedoch ständig betont. Das Endzeitbewußtsein war allgegenwärtig, jeder Tag könne der letzte sein, hieß es – und außerdem war auch der Verzicht auf eigene finanzielle Mittel Wiedergutmachung. Ich nahm damals eine Stelle als Sekretärin in einem Reisebüro an und verdiente dabei etwa DM 1.000,-. Davon habe ich bis auf das Kleingeld alles abgeliefert.

Wiedergutmachung konnte auch durch Verzicht auf Dinge oder Tätigkeiten, die einem Freude bereiten, geleistet werden. Für mich fiel unter diese Kategorie natürlich jede Art von Sport, besonders Bergsteigen. Auch das Abbrechen von Beziehungen zu alten Freunden wurde gefördert. Damals heirateten zwei aus unserer Expeditionsmannschaft – ich bin weder zu ihrer Hochzeit gegangen, noch habe ich ihnen eine Karte geschrieben.

Mein Körper war mit der abrupten Umstellung der Lebensgewohnheiten nicht einverstanden. In kurzer Zeit nahm ich zehn Kilo zu und fühlte mich schwerfällig und schlapp. Nur wenige Wochen nach meiner Übersiedlung ins Zentrum begannen mich heftige Migräneanfälle zu quälen. Ich hätte eben sehr viel falsch gemacht in meinem bisherigen Leben und solle froh sein, nun Gelegenheit zum Leisten von Wiedergutmachung zu haben – war der wenig mitfühlende Kommentar der Munis.

Insgesamt verbrachte ich dreieinhalb Jahre in der Mun-Bewegung. Hauptmotivation bei allen Tätigkeiten war, neue Mitglieder zu gewinnen und Geld zu beschaffen. Die ersten Monate war ich im Zentrum und übernahm die Verantwortung für Küche und Wäsche.

Für ein Jahr habe ich dann als Sekretärin gearbeitet. Nebenbei half ich bei der Herausgabe einer internen, nur für Mitglieder bestimmten Zeitschrift. Ohne mein Einverständnis wurde ich dann nach Salzburg versetzt. Für kurze Zeit arbeitete ich im Zentrum mit, danach wurde ich einem Missionsteam zugeteilt. Wir waren acht Personen und hatten einen VW-Bus zur Verfügung. In den größeren Orten des Landes mieteten wir für jeweils drei Wochen eine Wohnung und betrieben intensive Werbetätigkeit. Einer von uns blieb dann als Pionier zurück, suchte sich eine Arbeit am Ort und hatte die Aufgabe, ein neues Zentrum aufzubauen. Die anderen zogen weiter.

Während dieser Zeit wurden meine Migräneanfälle so häufig und unerträglich, daß ich das Team verlassen und ins Zentrum Salzburg zurückkehren mußte, um mich in ärztliche Behandlung zu begeben.

Als sich nach ein paar Monaten eine gewisse Besserung eingestellt hatte, ging ich mit einem anderen Team nach Belgien und Holland, um Geld zu beschaffen. Die dabei angewandte Methode ist ebenso einfach wie effektiv. Wir kauften im Großhandel sehr billig größere Mengen Blumen ein und verkauften sie dann einzeln von Tür zu Tür, auf Parkplätzen von Großmärkten oder in Fußgängerzonen. Zwischendurch verkauften wir auch Informationsmaterial von unserer Bewegung. Dazu sagten wir etwas von einer christlichen Jugendarbeit und irgendwelchen nicht existierenden Projekten. Jeder in unserem Team verdiente auf diese Art im Monat durchschnittlich DM 8.000,-, die wir natürlich ablieferten. Was mit dem Geld geschehen ist, habe ich nicht erfahren. Der einzig positive Nebeneffekt dieser Beschäftigung war, daß ich Holländisch sprechen lernte.

Nach etwa neun Monaten kehrten wir nach Österreich zurück und ich wurde zum ersten Mal gefragt, ob ich in nächster Zukunft lieber in einem Team oder einem Zentrum arbeiten würde. Ich entschied mich für letzteres und wurde einem Pionier-Zentrum im Bundesland Salzburg zugeteilt. Wir waren dort zu dritt, später nur noch zu zweit. Ich suchte mir wieder eine Arbeitsstelle als Sekretärin und versuchte, normale Kontakte zur Bevölkerung zu knüpfen. Da ich offiziell noch immer katholisch war, hielt ich es für eine besonders gute Idee, im Kirchenchor mitzusingen. Gewissensbisse hatte ich dabei keine – um Leute zu gewinnen, war jedes Mittel recht.

Bis zu diesem Zeitpunkt fühlte ich mich trotz aller Mühen und Entbehrungen glücklich, weil ich an die Richtigkeit und den Erfolg dessen glaubte, wofür ich mich eingesetzt hatte. Für meine Mutter allerdings waren diese Jahre die Hölle. Sie hat den Wahnsinn bald durchschaut, schaffte es mit ihren Argumenten aber nicht, mich vom eingeschlagenen Weg abzubringen. In meiner ersten Begeisterung wollte ich auch sie von den Lehren Muns überzeugen. Als ich merkte, daß ich dabei auf Granit biß, folgte ich dem Rat meiner Mun'schen Vorgesetzten und ließ die Beziehung merklich abkühlen. Ich besuchte meine Mutter nur noch sehr selten und kurz. Einmal sah sie mich ein ganzes Jahr lang nicht. Trotz ihres eigenen großen Kummers schaffte sie es irgendwie, mich wissen zu lassen: Ich lehne ab, was du glaubst und was du tust, du selbst aber bist mir immer willkommen. Die Tür nach Hause war nie verschlossen.

Ich kann nicht genau sagen, wann die ersten Zweifel an meiner Überzeugung aufkamen. Jedenfalls meldete sich der alte Frust in neuer Form. Als Gradmesser für geistlichen Fortschritt wurde in der Vereinigungskirche unter anderem die Anzahl der Mitglieder angesehen, die man für die Bewegung gewonnen hatte. Im Fachjargon hieß das „geistliche Kinder bekommen". Außer der Schulkollegin, die ich am ersten Abend mitgebracht hatte und die wie ich ein Mitglied wurde, hatte sich trotz größter Anstrengungen niemand zum Beitritt bewegen lassen. Mein geistliches Niveau war also gleich null.

Auch ein anderes Problem nervte mich. Ich fand die junge Frau, die mit mir im Pionier-Zentrum war, unausstehlich. Die Bewegung ist streng hierarchisch geordnet und sie galt, da sie mehrere „geistliche Kinder" hatte und länger Mitglied war, als meine nächste Vorgesetzte. Meine Aufgabe wäre es gewesen, sie in allem zu unterstützen, ihr jeden Wunsch von den Augen abzulesen und mich unterzuordnen.

Obwohl ich mich jetzt schon über drei Jahre nach Vorschrift abmühte, entdeckte ich zu meinem eigenen Entsetzen äußerst negative Gedanken ihr gegenüber. Wenn ich gewußt hätte, wo es eines gibt, ich hätte ihr ein Ticket zum Mond besorgt – ohne Rückfahrt.

Was hatte ich falsch gemacht? An zu wenig Einsatz konnte es nicht liegen, ich war physisch und psychisch am Ende meiner Kräfte. Gott schien so unnahbar und weit weg wie eh und je – und ich war so unvollkommen wie schon immer.

Was ist Wahrheit?

Meine ungeliebte Muni-Schwester wurde für mehrere Wochen zu einem Großeinsatz in England abberufen. Zum ersten Mal seit Jahren war ich allein. Pflichtbewußt bemühte ich mich weiter um Kontakte. Da sah ich ein Plakat mit der Einladung zu einem Vortrag. Das Thema hieß: „Man lebt – fragt sich nur wozu.“ Ich ging hin, weil ich dachte, daß Leute, die zu einem solchen Vortrag gehen, sich auch für die Botschaft interessieren könnten, die ich zu bringen hatte. Ich hoffte, mit jemandem ins Gespräch zu kommen. Das geschah auch wunschgemäß, und ich wurde in eine hitzige theologische Diskussion verstrickt.

Die Leute, mit denen ich sprach, hatten andere Argumente als alle, mit denen ich bisher zu tun gehabt hatte. Meine Gesprächspartner sagten, daß sie Christen seien und machten den Eindruck, als ob sie sich mit Glaubensfragen auskannten. Da das Interesse an einer Weiterführung des Gespräches gegenseitig war, vereinbarten wir einen neuen Termin und wollten als Vorbereitung darauf jeder die Lektüre der Gegenpartei studieren. Ich übergab meinen neuen Bekannten ein Exemplar der Göttlichen Prinzipien und sagte meinerseits zu, das Johannesevangelium aus dem Neuen Testament durchzulesen.

Als ich meinen Text das erste Mal gelesen hatte, behauptete ich noch, daß der Inhalt meine Glaubensansichten bestätige. Ich bin meinen Gesprächspartnern sehr dankbar, daß sie mich nicht als hoffnungslosen Fall abgeschrieben haben, denn als ich das Johannesevangelium zum zweiten Mal las, begannen mir die Schuppen von den Augen zu fallen. Mun behauptet, daß seine Offenbarungen die logische Fortsetzung der Bibel seien. Jesus Christus soll die Basis gelegt haben, auf der Mun aufbaute. Wenn die Bibel Wahrheit ist – was sogar Mun zugibt – und die Göttlichen Prinzipien Wahrheit sind – was er ebenfalls behauptet, dann dürften in den Aussagen dieser beider Bücher nicht derart große Widersprüche sein. Als ich nun Abschnitte der Bibel zusammenhängend und mit der grundsätzlichen Bereitschaft las, meine von Mun geprägten Ansichten hinterfragen zu lassen, bekam mein Gedankengebäude Risse.

Auch wenn ich noch so eifrig suchte, ich fand in der Bibel kein Gesetz der Wiederherstellung durch Wiedergutmachung. Aber ich fand etwas Besseres. Ich fand Vergebung. Ich brauche meine Schuld nicht abarbeiten und kann mir mein Heil nicht verdienen. Aber ich kann mir die Schuld vergeben und die Erlösung schenken lassen. Gott ist nicht nur heilig und gerecht. Er ist auch gnädig und barmherzig. Er vergibt denen, die ihn darum bitten und schenkt in seinem Sohn Jesus Christus ein neues Leben.

In den nächsten Wochen wurde in meinem Inneren ein harter Kampf ausgetragen. Wer hatte nun recht – Jesus Christus, Mun, oder kam sonst noch jemand in Frage? Was ist Wahrheit? Gibt es überhaupt vom Zeitgeist unabhängige Ideale, die einen Absolutheitsanspruch rechtfertigen? Zu allem Überfluß stand ich unter Zeitdruck. Bei den schwierigen Fragen eine schlechte Voraussetzung. Meine Vorgesetzte konnte jeden Tag zurückkommen. Ich mußte also eine Entscheidung treffen, denn sobald sie wiederkam, war ich ihrer Manipulation von neuem ausgesetzt. Die Konsequenzen standen mir deutlich vor Augen. Entschied ich mich weiterhin für Mun, stand ich auch in Zukunft unter dem unerträglichen Leistungsdruck und war mir dabei nicht einmal mehr sicher, das Richtige zu tun. Entschied ich mich für Jesus Christus, konnte ich Vergebung in Anspruch nehmen und aller Krampf hätte ein Ende.

Die Sache hatte allerdings noch einen Haken. Viele Sektierer sind arrogant und benehmen sich, als hätten sie die Wahrheit gepachtet. Ich war da leider keine rühmliche Ausnahme und der Gedanke, zugeben zu müssen, daß ich mich doch geirrt hatte, verursachte größtes Unbehagen. Dreieinhalb Jahre meines Lebens soll ich für eine verkehrte Sache eingesetzt haben? Alles Geld, alle Mühe soll ich vergeblich investiert haben?

Ausstieg und Einstieg

Ich bin überzeugt, daß es viele Menschen gibt, die einen eingeschlagenen falschen Weg nur deshalb nicht aufgeben, weil sie es zu peinlich finden, vor sich und anderen zuzugeben, daß sie sich geirrt haben. Ich kann bestätigen, daß man mit der Schande eines Irrtums dieser Größenordnung weiterleben kann und ich war angenehm überrascht, wie bereitwillig mir von den Freunden meiner Schulzeit vergeben worden ist. Besonders meine Mutter hat sich bewundernswert verhalten. Sie hat mir nicht nur verziehen und keinerlei Vorwürfe gemacht, sondern mir seitdem wieder jede erdenkliche Unterstützung angedeihen lassen.

Bei einem meiner damals häufigen nächtlichen Spaziergänge, bei denen ich verzweifelt versuchte, eine richtige Entscheidung zu treffen, habe ich mich dem Gott der Bibel anvertraut. Das ist jetzt sechzehn Jahre her und ich hatte noch nie Anlaß, diesen Schritt zu bereuen. Mich interessierte in erster Linie die Auswirkung der biblischen Lehre auf die Praxis. Ich wollte meinen Alltag bewältigen können und wissen, für welches Ziel ich mich einsetze.

Die Bibel ist anspruchsvolle Lektüre. Ich werde an dieser Stelle niemandem den Gefallen tun, hier meine eigene Version einer verkürzten Inhaltsangabe abzufassen, um ihm das Selberlesen zu ersparen. Dieses Buch steht auf der Bestsellerliste. Es wird nicht nur von Gläubigen als das Wort Gottes bezeichnet, sondern gehört unbestritten zur Weltliteratur. Wenn jemand kein anderes Motiv hat, darin zu lesen, dann sollte er es wenigstens tun, um eine Bildungslücke zu schließen. Ich werde in meinem Bericht zwar Zitate aus der Bibel verwenden, möchte aber eindringlich darauf hinweisen, daß es notwendig ist, den Zusammenhang zu berücksichtigen. Gold liegt an den Fundorten auch nicht auf der Straße herum. Will man die geistlichen Schätze im

Wort Gottes entdecken, ist es notwendig, danach zu suchen und man sollte nicht nach dem ersten flüchtigen Drüberlesen aufgeben.

Mir hat man als Einstieg in die Welt der Bibel das Johannesevangelium empfohlen und ich möchte diese Empfehlung hier weitergeben. Jahrhundertelang war die Bibel ein verbotenes Buch. Hat der Reiz, darin zu lesen, in den Augen vieler Menschen vielleicht nur deshalb abgenommen, weil man heute in jeder Buchhandlung für wenig Geld eine kaufen kann?

Die Bibel ist das einzige Buch, von dem ich mir vorstellen kann, daß ich es immer wieder lese, ohne es langweilig zu finden. Von allen Religionen, die ich kennengelernt habe, unterscheidet sich ihr Inhalt in einem wesentlichen Punkt. So verschieden die Vorstellungen über Götter und Lebensziele auch sind, alle anderen Religionen verlangen von ihren Anhängern *Handlungen* oder *Verhaltensweisen,* mit denen sich der einzelne sein Heil *verdienen* muß. Jesus Christus ist anders. Er hält keine Last bereit, die er den Menschen aufbürdet. Er hat selbst die Initiative ergriffen und die Last auf sich geladen. Er hat die Trennung zwischen Gott und den Menschen überwunden, indem er durch sein Sterben und seine Auferstehung den Weg zur Vergebung frei gemacht hat.

San Myung Mun läßt sich zwar mit „Vater“ oder „Meister“ anreden, ist für seine Anhänger aber ein harter Chef. Ich hatte nichts dagegen, ihn loszuwerden. Mich bei Jesus Christus in eine neue Abhängigkeit zu begeben, kostete einige Überwindung. Abhängigkeit ist ein Risiko. Ich war verletzt und deshalb vorsichtig. Könnte ich nicht mein eigener Herr sein? Ich dachte an die Zeit, die ich im geistlichen Niemandsland verbrachte, und fand eine Rückkehr dorthin wenig verlockend. Mir würde es zwar sicher nie an Ideen mangeln, wie ich mich beschäftigen könnte, doch ich würde ziellos und damit unzufrieden dahintreiben. Und dann war da noch die Sache mit dem Tod, die dann beunruhigend und ungelöst bliebe. Ich würde auf Berge steigen, um eines Tages nicht mehr zurückzukommen. Das war mir als Lebensinhalt zu wenig.

Um herauszufinden, ob Wasser den Körper trägt und das Schwimmen funktioniert, muß man den Bodenkontakt aufgeben und ins Wasser springen. Ich habe meinen bisherigen Boden verlassen und den Versuch riskiert, ob der Glaube an Christus eine tragfähige Basis für das Leben ist – und konnte „schwimmen“!

Oft liest man, daß es Mitgliedern von Sekten schwer gemacht wird, die Organisationen wieder zu verlassen. Ich kann diese Erfahrung nicht teilen. Das Umdenken kostete mich zwar viel Überwindung; als meine Entscheidung jedoch feststand, bereitete mir das tatsächliche Weggehen keine Mühe mehr. Nur einen Tag nach dem Beginn meines neuen Lebens als Christ kam Anne, die Leiterin des Pionier-Zentrums, aus England zurück. Ich staunte über das perfekte Timing dessen, der hier Regie geführt hatte. Ich informierte Anne über den neuen Stand der Dinge in meinem Leben, doch sie wollte diese Tatsache vorerst nicht zur Kenntnis nehmen. Fieberhaft suchte ich nach einem Zimmer, damit ich die gemeinsame Wohnung verlassen konnte. Bevor ich auszog und die Brücken endgültig hinter mir abbrach, erklärte ich mich auf Annes Drängen hin noch zu einem Gespräch mit dem Salzburger Landesleiter bereit.

Noch heute läuft es mir kalt über den Rücken, wenn ich darüber nachdenke, worauf ich mich dabei eingelassen habe. Ich bat die Christen, die ich nun kennengelernt hatte, für mich zu beten und fuhr nach Salzburg. Im Zentrum führte ich ein langes Gespräch mit dem Leiter, in dem ich ihm die Gründe für meinen Frontenwechsel darlegte. Meine Hauptargumente bezogen sich auf Aussagen des Neuen Testaments über die Person Jesu Christi, seine Gottheit und seine Bestimmung, zu sterben. Sein Tod war kein von seinen Zeitgenossen verschuldetes Mißgeschick, sondern der ursprüngliche Zweck seines Kommens.

Warum ich mich nach Beendigung des Gesprächs verabschieden und ungehindert wegfahren konnte, erscheint mir heute als Wunder. Im Zentrum wäre es so einfach gewesen, die Türe zuzusperren und mich dort festzuhalten, wenn nicht Gott anderes mit mir im Sinn gehabt hätte.

Das Pionier-Zentrum, aus dem ich fast fluchtartig auszog, war zwar eine komplett eingerichtete Wohnung, doch da mir persönlich nichts gehörte, konnte ich auch nichts mitnehmen. Als ich den Einflußbereich Muns verließ, rettete ich nicht viel mehr als meine Haut. Mit einem Koffer, der ein paar Kleidungsstücke und persönliche Dinge enthielt, zog ich in ein kleines Zimmer in einer Pension. Materiell fing ich wieder am Nullpunkt an und im übrigen fühlte ich mich als ziemlich minderwertiger Versager. Doch der neue Regisseur meines Lebens hatte für dieses Problem eine passende Therapie parat. Die Therapie war eine „Krankheit“. Ich lernte Thomas kennen. Er verliebte sich so gründlich in mich, daß ich angesteckt wurde. Wir haben uns von unserer Verliebtheit nie wirklich erholt, „leiden“ noch immer gemeinsam daran und sind jetzt seit fünfzehn Jahren glücklich verheiratet.

Thomas war mir eine große Hilfe. Er war damals schon einige Jahre Christ und hatte seine Bibel bereits gründlich studiert. In stundenlangen Spaziergängen und Gesprächen hat er dazu beigetragen, das theologische Chaos in meinem Kopf zu sortieren. Auch in der Gemeinde, zu der ich mich nun hielt, wurde die Bibel systematisch ausgelegt und erklärt. Entweder beschäftigt man sich über längere Zeiträume fortlaufend mit einem Abschnitt der Bibel, oder man sucht anhand eines Themas die Aussagen der ganzen Schrift herauszufinden.

Offiziell war ich noch immer ein Mitglied der röm.-kath.-Kirche. Auch das wollte ich nun überdenken und befaßte mich zum ersten Mal mit der Lehre dieser Kirche. Dabei hielt ich mich nicht mit Randfragen auf, bei denen man, ohne Schaden zu nehmen, verschiedener Meinung sein kann, sondern was mich interessierte war die katholische Auslegung der zentralen Botschaft der Errettung durch den Glauben an Jesus Christus. Ich besorgte mir ein Lehrbuch über Dogmen[1] . Schon die Erläuterungen im Vorwort machten mich stutzig: Der Lebenswandel der Päpste habe keinen Einfluß auf die Unfehlbarkeit ihrer lehrmäßigen Entscheidungen, hieß es. Als Beispiel aus der umfangreichen Lektüre der Dogmen will ich hier nur ein Zitat anführen, kann aber jedem Katholiken nur wärmstens empfehlen, mehr davon zu lesen, um die tatsächliche

1 *Neuner-Roos : Der Glaube der Kirche, neubearbeitet von Karl Rahner und Karl-Heinz Weger. Verlag Friedrich Pustet, 9. Auflage 1971 Seite 515*]

Lehre seiner Kirche kennenzulernen. Erst dann kann man meiner Meinung nach eine Entscheidung darüber treffen, ob man katholisch sein will.

Im Kapitel über Gnade steht unter Punkt 830:

> *„Wer behauptet, der rechtfertigende Glaube sei nichts anderes als das Vertrauen auf die göttliche Barmherzigkeit, die um Christi willen die Sünden nachläßt, oder dieses Vertrauen allein sei es, wodurch wir gerechtfertigt werden, der sei ausgeschlossen.“*

Ich möchte dieser Aussage ein Zitat aus dem Brief an die Epheser gegenüberstellen:

> *„Denn aus Gnade seid ihr errettet durch Glauben, und das nicht aus euch, Gottes Gabe ist es; nicht aus Werken, damit niemand sich rühme.“*
>
> (Brief an die Epheser, Kapitel 2, Vers 8)

Lieber wollte ich nicht darauf warten, bis jemand meinen „falschen“ Glauben entdecken und mich ausschließen würde, ich zog selbst die Konsequenzen und gehöre seitdem keiner Denomination mehr als Mitglied an. Leider gibt es ganze Bibliotheken voll mit Büchern, die das ergänzen oder wegerklären wollen, was in der Bibel geschrieben steht. Ob es nicht besser wäre, einfach das zu tun, was man verstanden hat?

Genau das habe ich mit wechselndem Erfolg in den letzten Jahren versucht. Wäre mein Glück allerdings vom Ergebnis meiner Bemühungen abhängig, müßte ich inzwischen längst wieder den alten Frust verspüren. Vollkommen bin ich nämlich noch immer nicht. Bei uns gibt es den Ausspruch: „Jeder hat so seinen Vogel." Genau genommen habe ich sogar mehrere und bin ein eher unkonventioneller Typ in Gottes großer Familie.

Gott ist kein Spaßverderber

Wenn ich die Wahl habe, mit einer Seilbahn auf einen Berg zu fahren, oder zu Fuß zu gehen, dann gehe ich lieber. Wenn ich zwischen einer neuen Skiausrüstung und einem eleganten Wintermantel wählen kann, nehme ich die Ski. Wenn ich mir die Arbeit aussuchen kann, ist mir Fliesenlegen lieber als Fensterputzen. In einem Wohnmobil würde ich den Urlaub mehr genießen als in einem guten Hotel und mehr als drei Tage hintereinander ohne jede sportliche Betätigung finde ich schon fast unerträglich.

Ich bin sehr dankbar, daß meine Familie und mein Freundeskreis diesen Neigungen mit so viel Verständnis oder zumindest mit Nachsicht begegnen. Sogar Gott scheint diese „Schwächen" zu berücksichtigen, denn er hat es gut gefunden, mir drei sehr unkomplizierte, sportliche Söhne anzuvertrauen, die genau meine Wellenlänge haben.

Auch mein Mann hat sich mit meiner Art mehr als nur abgefunden. Ich bezweifle, ob sich ein zweiter Ehemann findet, der seiner Frau eine Axt schenkt. Thomas hatte diese originelle Idee und fand das dann auch noch ganz normal. Wir wohnen in einem alten Bauernhaus, das wir unter anderem mit drei Kachelöfen heizen. Alle drei bis vier Jahre rückt in den Ferien die ganze Familie ein paar Wochen lang aus, um Brennholz aus dem Wald zu holen. Mein Mann fällt mit der Motorsäge die Bäume, die Jungen und ich entfernen die Äste (bei uns gibt es fast nur Fichten) und messen die Stämme vier Meter lang ab. Für diese Arbeit habe ich die Asthacke bekommen.

Mein Mann hat sie mir auch nicht wieder weggenommen, als ich bei einem gutgezielten Hieb falsch stand und nicht nur den Ast, sondern anschließend auch noch meinen eigenen Fuß getroffen habe. Was ein richtiger Holzknecht sei, meinte er, habe sich mindestens einmal gehackt und einmal geschnitten. Leider habe ich die Axt später verloren, als wir beim plötzlichen Aufziehen eines schweren Gewitters nach Hause gelaufen sind.

Der Grund, daß ich meine etwas ungewöhnlichen Lebensgewohnheiten hier erwähne, ist nicht, daß ich jemanden zum Nachahmen dieser Einzelheiten ermutigen will. Man braucht weder Holzhacken können, noch als Skilehrer arbeiten – was ich seit fünf Jahren mit großer Freude tue – um glücklich zu sein. Doch für mich verbindet sich mit diesem Anderssein – dürfen eine befreiende Entdeckung. Gott ist kein Sadist, der prinzipiell alles verbietet, was Spaß macht. Das genaue Gegenteil ist richtig. Er gibt überströmendes Leben und eine Freude, die keinen bitteren Nachgeschmack hat. Mit ihm kann man das Leben erst richtig genießen.

Wegen meiner früheren Erlebnisse ist mir das Thema Vergebung wichtig geworden. Ich möchte aber nicht, daß der Eindruck entsteht, als stünde mein Leben unter dem Motto: „Tu' was du willst – geht etwas schief, Gott vergibt dir gern." In einer Beziehung, die von Zuneigung und Dankbarkeit geprägt ist, nimmt man gerne Rücksicht auf die Wünsche seines Gegenübers und als Christ ist man in der glücklichen Lage, zu wissen, was Gott wünscht. Er hat sich in seinem Wort festgelegt und ändert seine Meinung nicht willkürlich.

Wenn ich im Rückblick die beiden Abschnitte meines Lebens vor und nach meiner Begegnung mit Jesus Christus auf den Punkt bringen soll, dann auf folgende Weise: Über den Gegenspieler Gottes, den Fürsten dieser Welt, habe ich eine treffende Definition gehört: „Er verspricht viel, gibt wenig und nimmt alles.“ Wenn ich an meine Vergangenheit denke, trifft das den Nagel auf den Kopf. Mir wurde viel versprochen, wenig gegeben und alles genommen. Mein Anfang war gut, doch dann ging es kontinuierlich abwärts.

Am Beginn meines Lebens als Christ war ich ein körperliches und seelisches Wrack. Man hat mich wie eine ausgepreßte Zitrone weggeworfen. Wie ein guter Vater hat Gott mich aufgepäppelt. Die Verheißungen in seinem Wort sind keine leeren Versprechungen.

> *„Und beständig wird der Herr dich leiten, und er wird deine Seele sättigen an Orten der Dürre und deine Gebeine stärken. Dann wirst du sein wie ein bewässerter Garten und wie ein Wasserquell, dessen Wasser nicht versiegen.“* (Jesaja, Kapitel 58, Vers 11)

Wertvoll weil geliebt

Heute kann ich sagen, daß ich mich in meiner Haut wohlfühle. Ich bin wertvoll – nicht weil ich etwas leiste, sondern weil ich geliebt bin. Umstände können an diesem Sachverhalt nichts ändern.

> *„Wer wird uns scheiden von der Liebe Christi? Drangsal oder Angst oder Verfolgung oder Hungers-*

not oder Blöße oder Gefahr oder Schwert? ... Denn ich bin überzeugt, daß weder Tod noch Leben, weder Engel noch Gewalten, weder Gegenwärtiges noch Zukünftiges, noch Mächte, weder Höhe noch Tiefe, noch irgendein anderes Geschöpf uns wird scheiden können von der Liebe Gottes, die in Christus Jesus ist, unserem Herrn."

(Brief an die Römer, Kapitel 8, Verse 35 bis 39)

VIKTOR LESKOW:

... wie ein streunender Hund!

An meine Kindheit in Sibirien habe ich nur schmerzliche Erinnerungen. Wir waren acht Kinder zu Hause, aber wir kannten unsere verschiedenen Väter nicht.

Mutter war eine Trinkerin und so wuchsen wir ohne Liebe in zerrütteten Verhältnissen auf. Zu Essen hatten wir kaum etwas, aber dafür stand immer eine Flasche Alkohol auf dem Tisch.

Wenn auch in unserer kümmerlichen Wohnstube eine Ikone stand, so kannten wir doch Gott nicht. Schnaps war unser Gott.

Um meinen Hunger zu stillen, begann ich schon früh, wie ein streunender Hund durchs Dorf zu laufen, um etwas Eßbares zu stehlen.

Als ich neun Jahre alt war, wurde meiner Mutter das Erziehungsrecht entzogen und ich in ein Erziehungsheim gesteckt. Damals wurden in der ehemaligen

UdSSR die Kinder relativ gut versorgt. Lenin wurde als „Freund der Kinder" verehrt. Aber dort, wo ich mich befand, wurden wir bei jedem kleinsten Vergehen geprügelt. Wir hatten ständig Hunger und bekamen keine Kleidung. So riß ich auch hier immer wieder aus um zu stehlen, wurde aber stets wieder eingefangen.

Bereits als 12jähriger trank ich regelmäßig Alkohol, den ich mir durch Stehlen oder Umtausch von Diebesgut besorgte. Oft sprang ich auf einen fahrenden Güterzug, um nach stundenlanger Fahrt irgendwo in einer unbekannten Stadt zu landen und mich dort als Dieb durchzuschlagen, bis ich wieder mal von der Polizei erwischt und eingefangen wurde.

Die erste Haftstrafe

Dann wurde ich 14 Jahre alt und war damit alt genug für die Jugendstrafe. Ein Güterzug hatte mich bis nach Nowosibirsk gebracht und dort wurde ich beim Diebstahl erwischt und schließlich zu 3 Jahren Jugendgefängnis verurteilt.

Auch hier gab es Prügel, wenn die Arbeitsquoten nicht erfüllt wurden und wir Jüngeren wurden von den Älteren grausam terrorisiert. In dieser Umgebung schwor ich mir, ein neues Leben anzufangen, wenn ich dieses Gefängnis verlassen würde. Vielleicht konnte ich als Soldat bei der Armee einen neuen Anfang machen.

Am Tag meiner Entlassung stand überraschend meine Mutter am Tor, die ich lange nicht gesehen hatte. Sie nahm mich mit in ihr Dorf und dort unter den Alkoholikern und Spielern blieb von den guten Vorsätzen nichts übrig. Ich wollte nicht stehlen und trinken, aber ich schaffte es nicht. Ich war – wie die Bibel es sagt – ein Sklave der Sünde.

Wenn ich wieder einmal eine Ikone gestohlen hatte, schaute ich manchmal des Nachts hinauf zum Sternenhimmel. Ob es dort wirklich jemand gab, der Interesse an meinem Leben hatte?

Tabletten, Alkohol, Opium ...

Das nächste Mal erwischte man mich bei einem Autodiebstahl und dafür bekam ich 3 Jahre schwere Haft. In diesem Lager wurde mit Geschick und Fleiß Drogen und Tabletten gehandelt und bald gehörte ich zu denen die glauben, mit Drogen der Wirklichkeit entfliehen zu können.

Inzwischen hatte mich das Gefängnisleben hart und brutal gemacht. Ich lehnte mich gegen jede Autorität auf, obwohl ich damit immer den Kürzeren zog und zur Strafe die Isolierhaft kennenlernte. In dieser Umgebung, unter abgebrühten Verbrechern, lernte ich mit 19 Jahren die letzten Tricks kennen, um meine Karriere als Dieb erfolgreicher als bisher fortzusetzen.

Damals saß auch der bekannte Nikolai Baturin in diesem Gefängnis, er war um seines Glaubens willen dort eingeliefert worden. Das sprach sich unter den Gefangenen schnell herum, aber ich schenkte dem keine Beachtung.

Das schlechte Essen in diesem Gefängnis und die Tatsache, daß ich nur 30 Minuten pro Tag an die frische Luft durfte, führten dazu, daß ich an TBC erkrankte. Im Gefängniskrankenhaus stellte man ein bereits fortgeschrittenes Stadium fest, aber eine Behandlung bekam ich nicht. So trank und rauchte ich weiter.

Wieder einmal kam der Tag der Entlassung. Dieses Mal stand Mutter nicht am Tor und mein ganzer Besitz bestand aus 40 Rubeln, die ich bei der Entlassung bekommen hatte. In meiner Einsamkeit und Auswegslosigkeit spürte ich den Drang, eine orthodoxe Kirche aufzusuchen. Vielleicht hatte Gott irgendwie Erbarmen mit meiner Not.

Als ich die Türe öffnen wollte, erkannte ich, daß die Öffnungszeit vorbei war.

„Komm Morgen!“ rief mir mürrisch der Pope von innen zu. „Ich will aber heute Gott anbeten!“ war meine verzweifelte Antwort. Wie gerne hätte ich ein Kreuz oder eine Kerze gekauft, aber die Tür blieb verschlossen.

Weil ich keinen anderen Ausweg wußte, suchte ich schließlich wieder das Dorf meiner Mutter auf, wo sich der bekannte Kreislauf wieder einstellte: Stehlen und Trinken.

Wenn ich des Nachts unruhig aufbrach um zu stehlen, merkte ich, daß auch dieser Drang eine Sucht war. Ich konnte nicht mehr anders. Ich war wie besessen.

„Vier Jahre Gefängnis!“ lautete der nächste Richterspruch, nachdem ich eine Wohnung leer geräumt hatte.

Im Knast traf ich alte Bekannte wieder und da ich die Arbeit verweigerte, bekam ich verschärfte Haft. Ich mußte auf dem Fußboden schlafen und bekam nur jeden zweiten Tag etwas zu essen.

Aus Wut darüber, daß mir der zuständige Häftling keine Antwort gab, als ich ihn nach Post für mich fragte, stach ich ihm zweimal mit einer Elektrode in die Lungen. Das brachte mir ein Strafverfahren wegen Körperverletzung und zusätzliche 3 Jahre Haft ein, so daß nun 7 Jahre Knast vor mir standen.

Auch in diesem Nowosibirsker Gefängnis änderte ich meinen Lebensstil nicht. Nikotin, Haschisch, Alkohol, oft monatelange Einzelhaft wegen schlechter Führung.

Eines Nachts hörte ich im Traum eine Stimme: „Geh zu einem Geistlichen!“ Der einzige Christ, den ich im Gefängnis kannte, war der alte Kornelius Kröker, der um seines Bekenntnisses zu Christus willen hier saß.

Ich ging zu ihm, erzählte ihm meinen Traum und meine Not. Seine Antwort war: „Du kennst Jesus Christus nicht, deswegen kommst du aus den Problemen nicht heraus.“ Doch seine eindringlichen Worte blieben ohne Einfluß auf mein Leben.

Als meine Krankheit schlimmer wurde, kam ich in ein Gefängnis für TBC-Kranke. Dort begann ich Opium zu spritzen. Dieses Rauschmittel wurde eingeschmuggelt und durch Spielen usw. finanziert.

Die Macht eines geklauten Buches

Drei Jahre war ich nun krank, lag abgemagert meist in Einzelhaft und dachte oft über Gott nach, den ich schließlich anklagte, daß er mir trotz aller „Vater unser"-Gebete nicht half, sondern alles nur noch schlimmer wurde.

1989 wurde ich aus der Einzelhaft entlassen und las zu meinem Erstaunen am schwarzen Brett eine Mitteilung, daß Christen zu Besuch ins Gefängnis kommen würden. Das war völlig neu für uns und eine Folge der Perestroika.

In dieser Veranstaltung traf ich zu meiner großen Überraschung Kornelius Kröker wieder, den man inzwischen rehabilitiert hatte. Nun war er als Prediger hier und sprach über die Knechtschaft der Sünde. Dieser Vortrag hat mich aufgewühlt und zwei Monate lang quälte mich die Gewißheit, daß ich ein Sklave der Sünde war.

Ich sammelte alle christlichen Schriften auf, die ich im Gefängnis finden konnte und verschlang den Inhalt. Schließlich klaute ich einem Gefangenen ein Johannesevangelium, um mehr über Gott zu erfahren. Ich las das Evangelium in einem Zug durch und war tief davon beeindruckt.

Da mich mein Gewissen quälte, gab ich das gestohlene Evangelium dem Gefangenen zurück und bat ihn um Verzeihung. Er selbst hatte bisher noch nicht darin gelesen. „Lies darin, das ist ein starkes Buch!" – beschwor ich ihn.

Leider fand ich keinen Gläubigen unter den Häftlingen, aber bald durfte ich einmal für einen Augenblick eine Bibel in der Hand halten und dachte: „Wahnsinn, solch ein Buch!“

Als ein weiterer Einsatz der Christen im Gefängnis durchgeführt wurde, bekam ich ein Neues Testament geschenkt. Das war eine riesige Freude für mich. Ich las die Worte Jesu: „Ich bin das Licht der Welt“ und mir wurde bewußt, daß in mir alles finster war. Meine Sehnsucht, ein neuer Mensch zu werden, wuchs.

Abends im Bett – während um mich herum die Gefangenen lachten und spielten – betete ich: „Gott hilf mir, daß ich vom Rauchen loskomme!“ Und Gott half mir. Allerdings war mein TBC inzwischen so weit fortgeschritten, daß die Ärzte zur Operation rieten.

Inzwischen hatte ich das NT gelesen und auch weitere Besuche von Christen bekommen, die mir auch nach der Operation etwas zu essen mitbrachten.

Ein neues Leben

Nach und nach kam ich wieder zu Kräften und konnte auch wieder arbeiten gehen. Dann kam der

Tag, an dem ich während der Arbeit niederkniete und Gott mein verlorenes, sündiges Leben bekannte und ihn bat, mir um Jesu willen zu vergeben. Ich kann nicht beschreiben, welche Last von mir fiel und welche Freude über mich kam, als ich wußte: Gott hat mein Gebet erhört und meine Schuld vergeben. Das war im Jahr 1991.

Bald darauf holte mich Gott aus einem weiteren „Gefängnis" – auf mein Gebet hin befreite er mich vom Fluchen. Als Russe wächst man mit einer Unzahl von Schimpfwörtern und Flüchen auf, die im Gedächtnis festsitzen und bei jeder Gelegenheit hervorbrechen. Als Kornelius Kröker wieder einen Besuch im Gefängnis machte, sprach ich mit ihm auch darüber und ging vor den Gefangenen nach vorne, um noch einmal öffentlich mein Leben dem Herrn zu übergeben. Es sollte ein öffentliches Bekenntnis zu Jesus Christus sein – vor meinen Mitgefangenen.

Februar '93 wurde ich entlassen, nachdem ich insgesamt 13 Jahre im Gefängnis zugebracht hatte. Am 28.2.93 ließ ich mich taufen und wurde in einer Gemeinde in Nowosibirsk aufgenommen, wo ich wiederum auf einen bekannten Namen traf – der Sohn von Kornelius Kröker war dort einer der Ältesten.

Ohne Gott keine Überlebenschance!

Weil ich wegen meiner vielen Haftstrafen keine Arbeit bekam, hatte ich weder Geld noch ein Zimmer, so daß ich völlig auf die Hilfe Gottes angewiesen war. Kleidung und Essen bekam ich anfangs von verschiedenen Christen aus der Gemeinde und meist schlief ich im Gemeindesaal. Wenn Gott nicht gewesen wäre, hätte es für mich keine Überlebenschance gegeben.

Manchmal überfiel mich der Gedanke, wieder ins alte Leben zurückzukehren, um wie früher zu stehlen. Aber das Wort Gottes hat mich bisher davon zurückgehalten.

Inzwischen hat Gott mir auch eine liebe Frau geschenkt, die bereit ist, dieses Leben mit mir zu teilen. Nadja ist musikalisch, kann gut Singen und Gitarre spielen und hat ein Herz für Menschen, die Jesus Christus nicht kennen.

Wir leben zwar nur auf einem Zimmer und mein Verdienst im Sommer reicht manchmal nur noch aus, um Brot zu kaufen. Aber am Wochenende und in den Monaten, wo es keine Arbeit gibt, machen wir uns auf, um in die entlegenen Dörfer zu fahren, wo man noch auf Stroh schläft und der Alkohol das armselige Leben der Familien zerstört.

In diesen Dörfern treffen wir immer wieder Menschen, die noch nie etwas von Jesus Christus gehört haben und die uns dankbar ihre Türen öffnen, um von dem zu erfahren, der mein hoffnungsloses Leben mit Vergebung, Freude und Frieden erfüllt hat.

Nun ziehe ich nicht mehr durch die Dörfer wie ein streunender Hund, die Zeit des Bettelns ist vorbei: Jetzt kann ich anderen Bettlern sagen und zeigen, wo es Brot zu essen gibt.

Hans-Werner Deppe

Mädchen, Mystik, Muskeln und Moneten

Es war im sonntäglichen „Hochamt" (dem Hauptgottesdienst) der katholischen Liebfrauengemeinde in Gütersloh, als ich zum ersten Mal bewußt registrierte, daß ich an körperlicher Länge zunahm. Die Bänke der Kirche waren gerade so hoch, daß ich Knirps just über den Rand in den Altarraum lugen konnte, was mir einige Wochen zuvor noch versagt gewesen war.

Interessiert beobachtete ich die wundersame Zeremonie, die dort vorn abgehalten wurde. Ein respekteinflößend und zugleich liebevoll aussehender grauhaariger Mann, der mit einem wallenden weißen Gewand bekleidet war, sprach umgeben von ebenso festlich gekleideten, „großen" Kindern geheimnisvolle Worte, die ich noch nicht einordnen konnte. Aber ihrem Klang nach zu urteilen, waren sie wohl sehr wichtig.

„Ist das Gott?" fragte ich erstaunt meine Eltern. Welche Antwort ich erhielt, weiß ich heute nicht mehr, eines war mir jedoch klar geworden: Wenn der dort vorn nicht einmal Gott ist, dann muß der „liebe Gott“ wirklich atemberaubend erhaben sein.

Ein paar Jahre später belehrte mich derselbe grauhaarige Mann – der Pfarrer der Liebfrauengemeinde – im Kommunionsunterricht ausführlich über einen Menschen, der nach außen weniger erhaben und würdevoll ausgesehen haben mag als er, der mich aber, so wie er mir dargestellt wurde, mit seiner Fehlerlosigkeit und seiner tiefen Menschenliebe, mit seiner wunderwirkenden, souveränen Macht und seiner gleichzeitigen Demut ergriff und begeisterte, so daß ich glaubte, was man mir über ihn sagte: Dieser ist Gottes Sohn – Jesus Christus. Wie gerne hätte ich ihn persönlich kennengelernt, wäre ihm begegnet, hätte ihn alles fragen und ihm folgen können. Unser Pfarrer verstand es wirklich gut, uns diesen Jesus lieben zu lehren.

Der Kommunionsunterricht sollte uns Kinder ja gerade auf die Gemeinschaft mit Jesus Christus vorbereiten. Zur Herstellung dieser Gemeinschaft stellt die Kirche besondere Mittel bereit: die Sakramente. Eines davon hatte ich ja bereits als Baby empfangen: Ich war mit Weihwasser ordnungsgemäß katholisch getauft worden.

„Wo würde ich wohl hinkommen, wenn ich jetzt sterbe?“ fragte ich mich. „Aller Wahrscheinlichkeit nach ins Fegefeuer", lautete die Antwort des Kommunionsunterrichts, „direkt in den Himmel kommen nur die Heiligen." Schließlich hatte ich ja hin und wieder eine Sünde begangen, z.B. meine Eltern belogen, und so müßte ich erst einmal in einem höllenähnlichen, qualvollen Feuer von diesen Sünden gereinigt werden.

„Wie lange muß man wohl im Fegefeuer bleiben?" fragte ich einmal meine älteren Brüder. „Länger, als es dauert, bis man erwachsen ist", war die wenig trostreiche Antwort.

Jetzt stand ich kurz vor dem Empfang der zwei nächsten Sakramente: Beichte und Kommunion. Bevor ich der besonderen Gemeinschaft mit Jesus in der heiligen Kommunion würdig werden sollte, mußte ich noch von meinen Sünden befreit werden. Dazu mußte ich nicht ins Fegefeuer, sondern nur in den Beichtstuhl. Dem Pfarrer dort in diesem dunklen, geheimnisvollen Kämmerlein all die verbotenen Dinge ins Ohr zu flüstern, die ich begangen hatte, war gar nicht so schlimm, hatte sogar etwas Aufregendes an sich. Beim Zahnarzt war es jedenfalls viel unangenehmer. Als ich alle Sünden, an die ich mich erinnern konnte, aufgesagt hatte, sprach mich der Pfarrer davon los – unter der Auflage, daß ich zur Strafe ein „Vaterunser" und ein „Gegrüßet-seist-du-Maria" aufsage.

„So einfach wird man also seine Sünden los", dachte ich, „und damit ich im nächsten Monat, wenn wieder Beichte ist, dem Pfarrer etwas ins Ohr zu flüstern habe, kann ich ruhig wieder etwas anstellen." Die zwei Gebete waren schnell aufgesagt, und erleichtert ging ich nach Haus.

Dann der Tag der Erstkommunion. Zum ersten Mal durfte ich die Hostie essen, die doch der leibhaftige Jesus sein soll, dieser Jesus, von dem ich so wunderbare Geschichten gehört hatte wie die der Brotvermehrung, der Stillung des Sturms, von Krankenheilungen und Totenauferweckung, von seiner Hinrichtung am Kreuz und seiner Auferstehung und Himmelfahrt. „Ich bin bei euch alle Tage, bis ans Ende der Zeit", hatte er zum Abschied gesagt, also mußte er wohl irgendwie und irgendwo da sein. Dieses „irgendwie" und „irgendwo" sollte ich nun erfahren. Und auf welch erstaunliche Weise! In Form einer kleinen Brot-Oblate durfte ich ihn in meinen Magen aufnehmen – was für eine Vorstellung! Unser Pfarrer unterwies uns, daß die Hostie etwa zehn Minuten im Bauch bliebe und sich dann auflöse, demzufolge müßten wir nach dem Verzehr etwa zehn Minuten lang beten.

Mir war es zwar ein Rätsel, wohin Jesus dann verschwindet, wenn die zehn Minuten vorbei sind, aber wenn der Herr Pfarrer das so ausdrücklich sagt, wird es schon richtig sein. Das ist also „Kommunion", oder auf Deutsch „Gemeinschaft". Die ersehnte Gemeinschaft mit Jesus nämlich, und das jedesmal nur für kurze Zeit. Deshalb, so lernte ich, ist es auch so wichtig, immer wieder und möglichst oft die Kommunion zu empfangen. Das tat ich dann auch Jahre hindurch mit großem Eifer.

So richtig in Schwung kam meine religiöse Karriere, als ich Meßdiener wurde. Von allen Leuten gesehen oben am Altar im Geschehen mitzuwirken, fand ich viel interessanter, als unbeteiligt in der Menge unterzugehen. Ich war stolz, beim Pfarrer und den anderen Priestern persönlich bekannt zu sein und das Vorrecht zu haben, all diese goldenen Gefäße und klingenden Glocken zu bedienen. Die heilige Atmosphäre von Sakristei und Altar begeisterte mich auf eine Weise, und besonders der benebelnde Duft des Weihrauchs erzeugte eine fast trancehafte Stimmung. Außerdem mußte man dort vorn ja irgendwie näher bei Gott sein.

In der Schule war ich – im Gegensatz zur Kirche – etwas der Außenseiter und fand nicht die Anerkennung, die ich gerne gehabt hätte. Wie gut, daß ich wenigstens wußte, bei Gott gut anzukommen, weil ich ja so viel für ihn tat. Das war einerseits beruhigend, andererseits wurde ich auf dem Elite-Gymnasium doch nicht so recht mit dem Druck in Form von Lateinarbeiten und Klassenkameraden, die alle viel cooler waren als ich, fertig und bekam zunehmend seelische Probleme.

Nachdem ich etwas viel Grusellektüre gelesen hatte und zudem noch Augenzeuge eines grausigen Verkehrsunfalls geworden war, wurde ich von regelrecht wahnhaften Verfolgungsängsten geplagt. Wie konnte ich Gott nur darauf aufmerksam machen, daß er mir in meinen Problemen half?

Mein Vater kannte ein Mittel: Er lehrte mich den Rosenkranz beten. 53 Ave Maria, gespickt mit verschiedenen „Gesetzen", fünf Vaterunsern und einem Glaubensbekenntnis. Wer das in 15 Minuten aufzusagen schafft, kann schnell sprechen. Ich konnte es bald. Und es half sogar, die Ängste ließen allmählich nach. „Wie gut, daß es Maria gibt", dachte ich. „Gott Vater und Jesus, die sind zwar mächtig und erhaben und auch wohl ‚lieb', aber so richtig warmherzig sind sie wohl nicht; dafür aber Maria, die gute, fürsorgliche Mutter."

„Ein Kind Mariens geht niemals zugrunde", lehrt die katholische Kirche, und auch ich wollte ein Kind Mariens sein. Wie bedauerte ich doch „die Evangelischen". So wie die Juden nicht an Jesus glauben, so glauben die Evangelischen nicht an Maria. Wie dumm, sich das Beste entgehen zu lassen. Über dem

Marienbild, das ich mir in meinem „Hausheiligtum“ aufgestellt hatte, befestigte ich eine kleine goldene Krone. Maria, die Himmelskönigin, sollte auch meine Königin sein.

Unter den Meßdienern gewann ich einen sehr guten Freund, Klemens, der die gleiche religiöse Begeisterung an den Tag legte und mit dem ich fortan um gute Werke wetteiferte.

Irgendwann hatte er es geschafft, an einem Tag bei fünf Messen zu „dienen“: zwei Frühmessen, eine Beerdigung und zwei Trauungen. Dieser Rekord mußte doch zu schlagen sein! Allein Sonntags gab es drei Messen, 7.00 Uhr, 8.30 Uhr und 10.15 Uhr; oft war ich bei allen dreien dabei. Ich hatte den großen Vorteil, daß mein Großonkel in unserer Pfarrei Priester im Ruhestand war, und so konnte ich mit Klemens bei ihm frühstücken, nachdem wir den leicht gehbehinderten Greis beim Lesen der sonntäglichen Frühmesse behilflich gewesen waren. Er war uns ausgesprochen dankbar, daß wir uns als Teenager um seinetwillen sonntags so früh aus dem Bett quälten. Was ich dachte, bestätigte auch mein Vater anerkennend: „Gott muß wirklich große Stücke auf mich halten, weil ich soviel für die Kirche tue, und wird mich auch bestimmt entsprechend belohnen.“

Klemens zeigte mehr praktischen Einsatz und hatte

es bald zum Stellvertreter des Küsters gebracht; ich war eher für Organisatorisches zuständig, stellte den Meßdienerplan auf, bildete „die Neuen“ aus, wurde „Obermeßdiener“ genannt. Sogar das „erste Gütersloher Meßdiener-Fußballturnier“ stellte ich auf die Beine, wofür ich mit Bild in der Tageszeitung erschien. Wie schön war es, so bekannt und erfolgreich zu sein.

Mädchen

Bei den Meßdienern gab es auch so einige recht hübsche Mädchen. Außer der Achtung als Obermeßdiener hatte ich den Vorteil, beim Aufstellen des Meßdienerplans mich selbst mit den interessantesten Exemplaren des schönen Geschlechts für den gemeinsamen Dienst einteilen zu können. Eigentlich hatte ich ja den Plan gefaßt, katholischer Priester zu werden, aber ob ich die damit verbundene Ehelosigkeit aushalten würde? Bald war ich buchstäblich hin- und hergerissen, nach kurzer Zeit nur noch hingerissen – sie hieß Antje. Daß sie, wie ich feststellen mußte, nichts von mir wissen wollte, konnte ich nicht so richtig verstehen, fand mich aber bald damit ab; es gab ja noch so viele andere ...

In dieser Zeit unternahm ich mit meinen Eltern eine Pilgerreise zu den zwei bekanntesten Marienwallfahrtsorten: Fatima in Portugal und Lourdes in Südfrankreich. An diesen beiden Orten sollen Kinder wundersame Erscheinungen einer schönen Frau gehabt haben, die sich als Maria ausgab. Das fand ich spannender als die jahrtausendealten und abgedroschenen Geschichten aus der Bibel. Es war überwältigend zu erleben, wie die Menschen dort zu Hunderttausenden zusammenströmten, um Maria Ehre und Hingabe zu erweisen. In Fatima legten einige der Pilger die letzten Kilometer ihrer Fußreise zur Erscheinungsstätte auf zerschundenen, blutenden Knien rutschend zurück. Was für ein herzzerreißendes Martyrium! Von Jesus wurde allerdings nicht geredet!

Viel von Jesus die Rede war dagegen bei der Fokular-Bewegung, der ich mich anschloß, um auch das Alltagsleben aus meiner religiösen Überzeugung heraus zu gestalten. Diese Bewegung versteht sich als ökumenische Gemeinschaft (ist aber stark in der katholischen Kirche Italiens verwurzelt), welche die Lehren Jesu in die Tat umsetzen und so eine geeinte Welt des Friedens und der Liebe herbeiführen will. Gute und große Ziele, die für mich gerade die richtige Herausforderung darstellten.

Daß zu dieser Gemeinschaft auch Buddhisten dazugehörten, die Jesus als Sohn Gottes und einzigen Weg zu Gott ablehnen, störte mich nicht, schließlich waren sie so wie ich gute, religiöse Menschen. Bei den Treffen unserer Jugendgruppe erzählten wir einander unsere „Erfahrungen". So wurden die guten Werke der praktischen Nächstenliebe genannt. Wenn ich mal keine „Hausaufgaben" gemacht hatte – also keiner Oma über die Straße geholfen und keinem Schulkollegen von meiner Schokolade abgegeben hatte – war das schon immer etwas peinlich, aber ansonsten fühlte ich mich bei der Truppe sehr wohl. Vor allem die fetzige Rockmusik der eigenen Band gefiel mir, zu der wir Texte über die „Einheit der Welt" sangen. Daß alle Menschen eins werden, sei Jesu größter Wunsch, lehrte man hier. Ich glaubte das genauso blindlings wie alle Lehren der Kirche. Leider hatte ich bis dahin nie selbst in der Bibel gelesen.

Diese ganze religiöse Anstrengung und Selbstbeschau hielt mich allerdings nicht fest, als ich älter wurde und mich immer mehr für das interessierte, was mir das Leben sonst noch anzubieten hatte: Mädchen, Muskeln, Musik, Motoren und Moneten. Mit 16 hatte ich endlich, nach einigen mißglückten Anläufen, meine erste Freundin. Wir kannten uns aus der Pfarrei, und anfänglich hielten wir uns sogar an die dort gelehrten Moralvorstellungen. Die nächste Freundin – die erste hatte sich nach drei Monaten verabschiedet – war nicht mehr aus der Pfarrei und sah das auch mit der Moral nicht so eng. Ich fing ebenfalls an, mir selbst ein Urteil darüber anzumaßen, was Sünde ist und was nicht. Schließlich war ich allmählich alt genug.

Alt genug für alles war ich dann natürlich mit 18. Meine Eltern hatten es zwar stets ausgesprochen gut mit mir gemeint, aber mir war das eher zu gut, und ich wollte endlich meine Freiheit – die Eltern nicht mehr für alles um Erlaubnis bitten müssen, mein Leben selbst bestimmen können.

Und Gott? „Der ist gnädig", dachte ich mir, „da kann ich mein Leben genießen. Außerdem habe ich in den vergangenen Jahren wohl erst mal genug für Gott getan."

Die Kirche? „Also, das mit der Unfehlbarkeit des Papstes ist ziemlich fragwürdig, auch die Verwandlung von Brot und Wein kommt mir äußerst komisch vor, weshalb sollte die Kirche da gerade in Moralfragen Recht haben?" Außerdem kam ich allmählich dahinter, daß Katholiken meistens auch nicht viel anders leben als andere Menschen. Die hübschen Meßdienerinnen, auf die ich einst heimlich ein Auge geworfen hatte, lebten jetzt genauso mit ihren Freunden zusammen wie andere junge Leute auch. „Aber die Kirche ist nach wie vor ein netter Verein mit netten Leuten."

Maria? „Ganz nett, aber ewige Jungfräulichkeit hat,

ehrlich gesagt, für mich nicht gerade Vorbild-Charakter."

Jesus? „Ja, wahrscheinlich ist er der Sohn Gottes, aber was das mit ihm eigentlich auf sich hat, weiß ja auch keiner so genau."

Moneten

Nach dem Abitur hatte ich erst einmal andere Sorgen: „Mit welchem Beruf kann ich mich mit möglichst wenig Aufwand bei größtmöglicher Selbstverwirklichung und bestmöglicher Anerkennung sowie höchstmöglichem Kontostand möglichst bequem durchs Leben mogeln?" Das war eine schwierige Frage, und nach zwei halt- und orientierungslosen Jahren, in denen ich das Kunststück fertigbrachte, verpflichteter Soldat, Wehrdienstverweigerer, ausgemustert, Auszubildender und Hilfsarbeiter zu sein, schrieb ich mich mehr aus Verlegenheit in dem neuen, interessant klingenden Studiengang „Naturwissenschaftliche Informatik" an der Universität Bielefeld ein.

Mein Geld verdiente ich während des Studiums als Taxifahrer. Der offizielle Stundenlohn von 6,- DM hörte sich zwar ziemlich niedrig an, aber da gab es verschiedene Methoden, die Einnahmen beträchtlich aufzustocken – auf Kosten des Chefs, versteht sich, und manchmal auch auf Kosten der betrunkenen Fahrgäste. Da ich noch Zuhause bei meinen Eltern lebte und keine großen Ausgaben hatte, sah ich mit Vergnügen, wie der Zahlenstand auf meinen Bankkonten wuchs. Bald hatte ich einen tollen Golf GTI, mit dem ich mit meiner tollen Freundin tolle Reisen unternehmen konnte.

Muskeln

Allerdings fand meine Freundin mich nicht so toll, wie ich dachte. „Du bist so dünn wie ein Hering zwischen den Flossen", mußte ich mir nicht nur von ihr, sondern auch noch von ihrem Vater anhören. „Ihr werdet schon sehen", waren meine Gedanken, und am nächsten Tag übte ich mich erstmalig an den Foltergeräten eines Bodybuilding-Studios.

Das nächste, was meiner Freundin nicht paßte, hörte sich dann in etwa so an: „Du hast viel zu wenig Zeit für mich", oder: „Du neigst zu völligen Extremen." Der Grund: An sechs Tagen in der Woche verbrachte ich jeweils zwei Stunden im Fitneßcenter. Ich hatte eine neue Religion, für die ich lebte, eine praktizierte Lebensphilosophie. Alles mußte auf optimale Bedingungen für maximalen Muskelzuwachs abgestimmt sein: Essenszeiten, Schlafenszeiten, Trainingszeiten, die gesamte Ernährung und Lebensweise. Bei Nichtbeachtung drohte der Verlust von mühevoll antrainierter Muskelmasse. Es war eine Religion, die mich versklavte. Daß auch andere darunter zu leiden hatten, wie meine ständig „Extrawürste" kochende Mutter oder meine allmählich vereinsamte Freundin, fiel mir kaum auf.

Auch über den Sinn und das Ziel meines Lebens machte ich mir mangels Zeit wenig Gedanken. Mein Studium lief recht gut, und alles war in bester Ordnung. Ein Wort bestimmte nun mein Leben: Mehr! Mehr Muskeln, mehr Spaß, mehr Geld, mehr Anerkennung – das waren meine Lebensziele. Eine Freundin kann beim Erreichen von „Mehr" ganz schön hinderlich sein, stellte zunächst ich fest. Dann mußte sie auf schmerzliche Weise feststellen, daß ich das festgestellt hatte. Irgendwie brauchte ich nun noch „mehr Kick", die ultimative Erfahrung fehlte. Mir war klar, daß so etwas nicht im materiellen Bereich zu suchen ist, und so beschäftigte ich mich mehr mit dem Transzendenten, Übersinnlichen.

Von meinem Studium her konnte ich mich diesen Fragen auf „wissenschaftliche" Weise nähern. Mein Spezialgebiet war die „Künstliche Intelligenz"; wir versuchten, auf Computern den menschlichen Geist zu simulieren. Doch was ist überhaupt Geist? Ich verschlang massenweise Bücher zu diesem Thema, und da die streng gesetzmäßige Wissenschaft in der Erkenntnis des Übernatürlichen sehr bald ihre Grenzen erreicht hat, wurden die Bücher, die ich las, immer fragwürdiger. Die ganze Thematik hatte auch noch einen religiösen Zug, und bei einer der selten gewordenen Begegnungen mit dem altbekannten katholischen Pfarrer rühmte ich mich vor ihm, indem ich ihm meine philosophischen Überlegungen über das Leib-Seele-Problem darlegte.

Eine weitere Lebensbereicherung versprach ich mir durch Reisen in ferne Länder. Mein erster Abenteuer-Trip sollte dem Rat eines Freundes folgend nach Israel gehen. „Das Land, wo Jesus gelebt hat", war mir dabei ständig bewußt, und zum ersten Mal seit langer Zeit machte ich mir wieder über ihn Gedanken. Ihn fand ich dort nicht, meinte jedoch, durch die dortigen Erfahrungen mehr „zu mir selbst gefunden" zu haben. Was das konkret bedeutet, wußte ich zwar eigentlich nicht, aber es hörte sich gut an. Außerdem lernte ich dort eine interessante ältere Frau aus Deutschland kennen, die ich später in Berlin besuchte. Besonders aufregend war dabei die spiritistische Sitzung, die ich mit ihr aufsuchte, und die ersten Erfahrungen im okkulten Gläserrücken.

Die Faszination der Mystik

Ich beschäftigte mich jetzt intensiv mit übersinnlichen Erfahrungen und Fragestellungen. Um die nötige geistige Selbstkontrolle zu erlangen, besuchte ich einen Kurs für Autogenes Training und absolvierte eine spezielle Psychotherapie. In Gedanken bereitete ich Experimente mit Hypnose vor, einige Freunde teilten mein Interesse und gaben mir Anregungen. Ich wollte einen „Verein für Wissenschaft und Mystik" gründen.

Zunehmend interessierte mich auch die Frage nach dem „historischen Jesus". Stand Jesus in Kontakt mit Außerirdischen, hat er später in Indien gelebt? In einem der Bücher, die ich zu der Zeit las, konnte man im Klappentext lesen: „Wenn Sie wissen wollen, was zur Zeit Jesu geschah, dann lesen Sie nicht die Evangelien, sondern dieses Buch." Der Inhalt war wenig aufschlußreich, doch brachte er genügend Anregungen, um meine Phantasie mit faszinierenden Spekulationen zu füllen.

In dieser Zeit legte ich mir einen neuen Computer zu, und zwecks privatem Kauf einer Festplatte besuchte ich Patrick, einen Studienkollegen.

„Bibel von A-Z" sah ich bei ihm im Bücherregal

stehen – neben „Wer glaubt, der wagt“ und anderen fromm klingenden Titeln.

„Bist du auch so ein Glaubens-Freak?“ fragte ich interessiert. „Ich bin Christ, wieso?“ war die Antwort. „Christ bin ich auch!“ entgegnete ich. Er meinte das in Frage stellen zu können, weil Mitglied der katholischen Kirche zu sein nicht automatisch bedeute, Christ zu sein. Daß dieser so locker-lustig wirkende Typ fromm sein sollte, wunderte mich.

„Gehörst du denn irgendeiner Gemeinschaft an?“ bohrte ich weiter. „Ich bin gerade auf der Suche, was hier in Bielefeld so an Gemeinde angesagt ist“, antwortete er in seiner witzigen Art.

So entwickelte sich ein Gespräch. Mein Gegenüber erzählte mir einerseits davon, was es heißt, Christ zu sein, und daß Jesu Worte und die Bibel wahr und wichtig seien, und andererseits, daß die Lehre der katholischen Kirche in weiten Teilen nicht mit der Bibel übereinstimme.

Das fand ich interessant: Die Bibel ein Buch gegen die katholische Kirche! Um der Sache nachzugehen, machte ich mich am nächsten Tag gleich daran, das Neue Testament zu lesen.

Umkehr

Tatsächlich fand ich einige Schriftstellen, die eindeutig mit der katholischen Lehre unvereinbar sind: „Ihr sollt niemanden auf der Erde euren Vater nennen ..." ist wohl kaum mit dem „Heiligen Vater" in Rom unter einen Hut zu bringen. Es war sehr aufschlußreich, das Neue Testament nicht nur fortlaufend zu lesen, sondern wirklich einmal so zu nehmen, wie es geschrieben ist. Ab und zu hatte ich auch früher mal hineingeschaut und vor allem in der Kirche viel daraus gehört, doch hatte ich es mir zum Sport gemacht, die biblischen Aussagen stets so zu verstehen, daß sie mit meiner eigenen Auffassung übereinstimmten. Aber „beim Wort genommen" hatten die Aussagen Jesu eine ganz andere Durchschlagskraft.

Dann standen da aber auch Dinge wie z.B.: „Jeder, der eine Frau anblickt mit begehrlicher Absicht, begeht Ehebruch in seinem Herzen." Wörtlich genommen würde das heißen, daß ich ein Ehebrecher war. Das war bisher nicht meine Auffassung von mir selbst, schließlich war ich gar nicht verheiratet. „Aber eigentlich hat Jesus Recht ..."

Vielleicht sollte ich mich besser damit beschäftigen, was Jesus zu den Pharisäern gesagt hat. „Alle ihre Werke tun sie, um sich vor den Menschen sehen zu lassen", beklagte Jesus sich über diese. Hm, was waren eigentlich bei mir damals die Motive gewesen, als ich ein so vorbildlich-eifriger Meßdiener war?

„Denn von innen aus dem Herzen der Menschen kommen die bösen Gedanken hervor: Ehebruch, Dieberei, Habsucht, Neid, Hochmut ..." Allmählich fühlte ich mich überführt; sollte ich wirklich weiterlesen? Eigentlich sollte ja nicht ich, sondern die Kirche überführt werden.

Was mich schließlich zum Weiterlesen bewegte, war die Person Jesus. Ich war fasziniert von der Vollmacht seiner Lehre, seiner unfaßbar liebevollen Art, seiner absoluten Selbstlosigkeit trotz seiner schier unglaublichen Macht. Es war der Jesus, von dem ich als Kind schon so viel gehört, aber doch nie wirklich persönlich mit ihm zu tun gehabt hatte, und dessen Buch jahrelang in meinem Regal verstaubt war. Der Jesus, über den ich mir vor nicht allzulanger Zeit Informationen aus den spekulativen und zweifelhaften Büchern geldgieriger Schwindler verschaffen wollte, zeigte mir jetzt in seinem eigenen Wort, wer und wie er wirklich ist.

Bisher war ich überzeugt, Christ zu sein und an ihn zu glauben. Aber dieser „Glaube" war nur Theorie in meinem Kopf, eigentlich war ich praktizierender Atheist – lebte so, als gebe es ihn nicht. Und woran hatte ich früher geglaubt? An Maria? An die Sakramente? An meine eigene Gerechtigkeit?

Beim Lesen des Neuen Testaments wurden mir allmählich verschiedene Dinge klar:

Bei Jesus bin ich an der einzigen vertrauenswürdigen Adresse. Keine menschliche Philosophie, kein dunkler Hokuspokus kann mir sagen, wie ich leben soll, auch kann ich nicht selbst bestimmen, was gut und richtig ist, sondern er bestimmt das. Die Bibel ist wirklich das lebendige Wort Gottes, Jesu Worte sind tatsächlich „Geist und Leben" – „Worte ewigen Lebens".

Etwas ganz Entscheidendes stimmte nicht mit mir. Es war absolut nicht so, daß Gott „große Stücke auf mich hielt", vielmehr war ich als ziemlich mieser Typ, als Heuchler und Egoist entlarvt. Das hätte ich früher nicht gedacht, daß ich als gestandener Katholik einmal zu Gott umkehren muß. Wiedergeboren werden, nennt das die Bibel – das hatte ich bisher nie gehört.

„Wenn jemand sein Leben erretten will, wird er es verlieren; wenn aber jemand sein Leben verliert um meinetwillen, wird er es finden", sagt Jesus. Der Glaube an ihn ist nicht Selbstverwirklichung, sondern Selbstverleugnung. Alles andere ist letztendlich nichts anderes als der Weg ins Verderben.

Einige Wochen lang setzte ich mich durch Bibellesen und Gespräche mit Patrick mit dem konsequenten biblischen Glauben auseinander. Bald stand ich vor der Herausforderung, Jesus zwar nicht in meinen Magen, aber in mein Herz und Leben aufzunehmen.

„So viele ihn aber aufnahmen, denen gab er das Recht, Kinder Gottes zu werden", steht am Anfang des Johannes-Evangeliums. Ja, das wollte ich, nicht ein „Kind Mariens", sondern ein Kind Gottes werden, mich von Jesus aus dem ganzen Krampf und der Sinnlosigkeit retten lassen. Dabei brauchte ich mich nicht selbst von Sünden befreien, um dann zu ihm kommen zu können, sondern ich konnte vielmehr kommen, wie ich war, damit er mich von meinen Sünden befreit.

Als ich das als einzige Möglichkeit nicht nur einer gefahrlosen „Verbindung mit dem Übernatürlichen", sondern auch eines sinnvollen Erdendaseins erkannte hatte, wollte ich mich radikal von meinen gewagten Ausflügen in die düstere Welt der Esoterik trennen. Ich brach meinen Kurs für Autogenes Training und die Psychotherapie ab, weil diese als vermeintliche andere Wege zu Gott gefährliche Götzen waren. Meiner esoterischen Bekannten aus Berlin gab ich Zeugnis vom Herrn Jesus, woraufhin sie den Kontakt abbrach.

Auch das Bodybuilding reduzierte ich auf gemäßigtes Fitneßtraining, doch die ganze Atmosphäre im Fitneßcenter wurde mir bei all dem Körperkult und der abgöttischen Musik allmählich derart zuwider, daß ich mich schließlich ganz abmeldete. Meine Kräfte ließ ich hingegen mit einer Axt an meinen Schallplatten aus, von denen ich in der Zwischenzeit erfahren hatte, daß sie Lästerungen gegen meinen Herrn und Erretter vertonten.

Ein paar Wochen nach meiner Umkehr hatte ich meinen letzten Discobesuch. Als sähe ich jetzt mit geöffneten Augen, erschien mir das zuvor so geliebte Tanzen und „Anbaggern" so stumpfsinnig und armselig, daß mich nichts mehr in diesem Flackerlicht festhielt.

Mit den Betrügereien beim Taxifahren wollte und konnte ich ebenfalls nicht weitermachen. Gottes perfekte Planung hatte zur Folge, daß genau zur Zeit meiner Bekehrung das Lohnsystem umgestellt wurde: Ab sofort 9,- DM Stundenlohn bei verschärfter Kontrolle. Damit lohnte sich die Arbeit auch ohne Betrug einigermaßen. Einige Zeit später wurde mir klar, daß ich meinem Chef eigentlich eine Menge Geld schuldete, die ich ihm unrechtmäßig vorenthalten hatte. Der Herr Jesus verlieh mir den nötigen Mut, vor meinem Chef sowohl meine Schuld als auch meinen Glauben zu bekennen, sowie meine

Bereitschaft zur Wiedergutmachung zu signalisieren. Er verzichtete dankend und freute sich, von nun an einen zuverlässigen Fahrer zu haben.

So gab es einige Dinge, von denen ich mich getrennt habe. Die Bibel spricht von einem „alten Menschen, der sich durch die betrügerischen Begierden zugrunde richtet". Das, was zugrunde richtet, legte ich gerne ab.

Noch viel schöner ist es jedoch, Geschenke aus Gottes Hand entgegennehmen zu dürfen. Zusammen mit meinem Studienkollegen Patrick machte ich mich auf die Suche nach anderen Christen und einer biblischen Gemeinde. Auch hier führte Gott wunderbar, und bald eröffnete sich mir eine ungeahnt große Welt des biblischen Christentums.

Aus meiner Lese-Lektüre hatte ich unverzüglich die New-Age-Literatur gestrichen, und verschlang nun so manches christliche Buch. Besonders erfreulich fand ich, daß es in Bielefeld einen christlichen Verlag gab, der sehr hilfreiche Bücher herausgab, in denen biblische Lehre verbreitet wurden. Das Verlagsgebäude befand sich in meiner Nachbarschaft, so daß ich nicht nur bequem an die Bücher, sondern auch in Kontakt zu den dortigen gläubigen Mitarbeitern kam. Über diese Christen lernte ich dann auch eine Gemeinde kennen, wo ich herzlich aufgenommen und mit guter geistlicher Nahrung zum Wachstum im Glauben ausgerüstet wurde, so daß ich bald selbst sinnvolle Aufgaben übernehmen konnte.

Besonders beim sonntäglichen Abendmahl, bei dem sich die Gemeinde jede Woche eine Stunde Zeit nimmt, um an Jesu Leiden und seinen Opfertod am Kreuz zu denken, wurde mir die unfaßbare Liebe und Gnade Gottes immer wieder deutlich vor Augen gemalt.

> *„Gott aber erweist seine Liebe zu uns darin, daß Christus, als wir noch Sünder waren, für uns gestorben ist.“*

Was ich früher für eigene Verdienste vor Gott gehalten hatte, waren Sünden des Stolzes und der Heuchelei, für die ich nicht Lohn, sondern Strafe verdient hatte. Jesus Christus, Gottes eigener Sohn, hat am Kreuz alle von mir verdiente Strafe auf sich genommen, damit ich vor Gott frei ausgehen kann. Liebe und Dankbarkeit sind die schönsten Gefühle, die der Mensch empfinden kann, und weil Gott mir 24 Jahre lang geduldig nachgegangen ist, bis ich endlich einen Blick für seine unverdiente Liebe bekam, soll Liebe und Dankbarkeit die Antwort meines Lebens sein.

Mehmet Biçakçi

Unterwegs nach Nirgendwo

Offiziell ist mein Geburtstag auf den 1.6.71 datiert, obwohl mein Vater meint, daß ich im Frühjahr 70 geboren wurde. Bei uns Kurden kommt das nicht so darauf an – viele nennen den 1.1. irgendeiner Jahreszahl ihren Geburtstag, weil das so am einfachsten ist.

In Batman, einer Stadt, die zu dem kurdischen Siedlungsgebiet gehört, erblickte ich das Licht der Welt. Ich war das dritte Kind meiner Mutter, die schon mit 14 Jahren ihr erstes Kind bekam. Auch das ist unter Kurden nicht ungewöhnlich, denn die Mädchen werden oft bewußt in einem Alter verheiratet, wo sie noch keine eigenen Entscheidungen treffen können.

Mein Vater war damals in Batman der Muezzin einer islamischen Moschee. Fünf mal des Tages rief er zum Gebet auf – er sprach arabisch, konnte also den Koran zitieren und war überzeugter Moslem und stolzer Kurde. 1970 reiste er nach Deutschland, um Arbeit zu suchen und landete in einem Ausbesserungswerk der Bundesbahn in Leverkusen. Alle paar Monate besuchte er uns in der Türkei, bis er endlich 1974 seine ganze Familie nach Leverkusen holte.

Hier wurde ich später auch eingeschult und hatte natürlich eine Menge Probleme, weil mir keiner bei den Schulaufgaben helfen konnte. Mutter hatte inzwischen sechs Kinder zu versorgen und war damit überbelastet und Vater kam Abends müde von der Arbeit und griff nur ein, wenn wir Kinder irgend etwas ausgefressen hatten. So fühlte ich mich häufig unverstanden und war bald mehr auf dem Fußballplatz als zu Hause anzutreffen.

Ein Umzug nach Kerpen in eine größere Wohnung zwang meine Eltern, einen Kredit aufzunehmen und damit wuchsen auch die Probleme in der Familie. Ich kam mit der neuen Umgebung in der Realschule nicht klar und mußte bald auf die Hauptschule umsteigen. Zwischen meinen Eltern kam es zu immer größeren Streitigkeiten, weil meine Mutter sich an den Freiheiten der deutschen Frauen orientierte, mein Vater aber eher konservativ war.

Doch es gab Zeiten, wenn auch kurz bemessen, wo wir alle internen Streitereien vergaßen – wenn wir gemeinsam kurdische Versammlungen besuchten, um unser Nationalbewußtsein zu stärken. Hier wurde nicht nur die kurdische Sprache und Identität gepflegt, sondern auch bei entsprechender Musik und Propaganda der Haß auf die türkische Regierung geschürt. So folgte ich auch meinem Vater auf Demonstrationen, wo wir unsere Solidarität mit den leidenden Kurden bezeugten.

Die Situation spitzte sich zu, als Mutter immer mehr Geld für ihre persönlichen Ausgaben benutzte und wir Kinder oft nichts mehr zu essen hatten. Vater wurde dann sehr wütend und Mutter blieb manchmal tagelang weg, bis sie schließlich 1985 endgültig die Familie verließ, ins Frauenhaus zog und sechs völlig verstörte und verwirrte Kinder einem wütenden Vater überlies.

Für mich war das ein Grund mehr, in Jugendhäuser zu flüchten, um bei Bier und Mädchen das zu suchen, was mir zu Hause fehlte. Mein Vater machte zwar einige Versuche mich zu erziehen, aber ich lehnte ihn als Autorität ab. Der Auszug meiner Mutter und die Rebellion seines Sohnes war für ihn – als stolzer Kurde – sehr schwer zu verkraften.

Diese ansonsten triste Zeit wurde für uns Kinder unterbrochen, als wir für sechs Monate zu unseren Großeltern in die Türkei fahren durften. Keine Schule, fürsorgliche Verwandte und die ganz andere Kultur weckte unser Interesse am Islam, der in Deutschland keine Rolle mehr bei uns gespielt hatte. So lernten meine Brüder und Schwestern die Gebete des Koran, und auch ich wurde angezogen von der Überzeugung und Glaubwürdigkeit meiner kurdischen Verwandten. Für sie war Kurde und Muslim sein eine Selbstverständlichkeit, die auch im Alltagsleben sichtbar wurde. Dagegen hatte ich für die Christen in Deutschland, deren Glaube weder in Gebeten, noch Worten oder Taten zu erkennen war, nur Verachtung über.

Als wir nach diesen unvergeßlich schönen Monaten wieder nach Deutschland zurück mußten, war der Kulturschock unvermeidlich. Wir wußten nicht mehr, wie wir uns kleiden und benehmen sollten. Dazu kam, daß Mutter noch einmal einen Versuch unternahm, mit uns als Familie zusammenzuleben. Wir Kinder befanden uns zwischen den Fronten und erlebten, wie Mutter sich manchmal aus Angst einschließen mußte und Vater schließlich die Morddrohung hinausschrie: „Ich bring Dich um!"

Das verstärkte mein Fluchtverhalten, meine Ruhe und Sinnerfüllung bei Alkohol und Mädchen zu suchen. Und doch wurde ich meine quälenden Fragen nicht los: Wer bin ich, welche Fähigkeiten habe ich, wozu lebe ich, wo gehe ich hin? Mit Fußball, Kampf- und anderen Sportarten versuchte ich, ein wenig Farbe in mein trübes Leben zu bringen. Aber die Ziellosigkeit meines Lebens ließ jeden Motivations-Schub im Sand verlaufen, so daß ich schließlich ein Gammelleben zu führen begann.

Dann gab es einen Lichtblick, als der Vater meiner Freundin mir vorschlug, eine Lehre als Restaurantfachmann in dem Hotel „Ramada“ in Leverkusen zu beginnen. Aber durch den unregelmäßigen Arbeitsrhythmus verlor ich meine Freunde, bekam vermehrte Probleme mit meinem Vater und meiner Freundin, so daß auch diese Beziehung bald in die Brüche ging. Warum war das Leben bloß so kompliziert?

Eine innere Unruhe und ein stetes Hinterfragen aller gesellschaftlichen Normen, die ich als störende Bindungen ansah, bestimmten diese Zeit. Ich kam mir vor wie eine Marionette, an Fäden hängend, und jeder, der wollte, zog daran. Jeder, so schien mir, wußte was gut für mich war und wollte mein Leben bestimmen. Nur ich selbst wußte es nicht. So ließ ich mir schließlich nichts mehr sagen, weil ich es satt war, manipuliert zu werden.

Vielleicht konnte ja Musik die Leere meines Lebens füllen. So gründete ich die Band „NBB44“, in der ich Baß spielte und damit mein Taschengeld aufbessern konnte. Doch die anfängliche Begeisterung ebbte schnell ab und die Probleme und der Streß am Arbeitsplatz und in der Familie holten mich wieder ein. Damals ließ ich mich von Freunden überreden, es einmal mit Haschisch zu versuchen, um die ersehnte Ruhe zu finden.

Interessanterweise arbeitete zu dieser Zeit in unserem Hotel ein Mann, der später als der Chefdealer der Leverkusener Drogenszene bekannt wurde. Er dealte buchstäblich tonnenweise Hasch, Koks und andere Drogen, bis er später gestellt, verhaftet und zu 11 Jahren Gefängnis verurteilt wurde.

Er konnte mich gut leiden, wir verstanden uns blendend und so kam es, daß ich Haschisch zu einem Freundschaftspreis von ihm beziehen konnte, der etwa die Hälfte des damals üblichen Preises ausmachte. Unter meinen Freunden sprach sich bald herum, daß ich an einer guten Quelle saß und Beziehungen hatte und es ergab sich wie von selbst, daß ich mich plötzlich und ungeplant in der Rolle eines Dealers befand. Jetzt war ich plötzlich wer, ich wurde aufgesucht und für viele scheinbar unentbehrlich. Gleichzeitig konnte ich mit meinem Geschäft den eigenen Drogenkonsum decken und einiges Geld verdienen, so daß ich beschloß, die Lehre nach sechs Monaten zu schmeißen.

Jeden Abend trafen wir uns nun bei einem Freund in den Kellerräumen, um Haschisch zu rauchen und die

Wirkung durch den Gebrauch der Wasserpfeife noch zu verstärken. Die Folge war, daß sich meine Persönlichkeit veränderte. Lustlosigkeit, Passivität und Gleichgültigkeit prägte meinen Charakter und auf der anderen Seite entwickelte sich die Angst vor dem Erwischtwerden, vor der Polizei und vor den Mitmenschen, die ich alle für meine Feinde hielt. Ich haßte die Welt und meine Wut und Bitterkeit richtete sich gegen meine Familie, gegen die spießbürgerliche Gesellschaft und das westliche Wirtschaftssystem.

Schließlich gab ich dem Letzteren die Schuld an meinem öden Dasein. Vielleicht könnte es gelingen, außerhalb der westlichen Zivilisation mich selbst zu finden oder das Einswerden mit der Natur zu erfahren. Mein Freund dachte ähnlich wie ich und so räumten wir mein Konto leer und fuhren mit den ca. 5.000.- DM, die ich inzwischen durch den Drogenhandel auf die Seite gelegt hatte, nach Amsterdam. Unser Ziel war, in den Süden zu fliegen, möglichst nach Mittelamerika. Aber an diesem Tag war kein Flug mehr zu bekommen, alles war ausgebucht. Vielleicht traute man uns auch nicht so ganz. Das einzige, was uns angeboten wurde, war ein Zugticket nach Malaga / Spanien.

Schließlich war uns das auch recht und bald befanden wir uns auf dem Weg nach Madrid, um von dort aus nach Malaga zu fahren. Wir warteten auf das bestimmte etwas, daß unserem Leben die entscheidende Wende bringen sollte. In uns selbst waren wir wie ausgelaugt und ausgebrannt.

In Malaga sprach uns ein Deutscher an, dessen Menschenkenntnis ihn wohl erahnen lies, in welcher Situation wir uns befanden. Er war ein lebenserfahrener Heroinhändler, war auch in Autoschiebereien verwickelt und hatte sich nach Spanien abgesetzt. Er bot uns gleich Haschisch an und erzählte uns von seinen Plänen, in Marokko das große Geschäft zu machen. Mein Freund war fasziniert von diesem Mann und sofort bereit, mit ihm auf die Reise zu gehen.

Der Deutsche spürte mein Zögern und ahnte wohl auch, daß ich in meiner psychischen Verfassung nicht der ideale Partner für ihn war. Er gab mir den Rat: „Geh nach Castella Viejo („Burg der Aussicht"), das ist der richtige Ort für Dich. Da kannst Du abschalten und auftanken!"

Ich befolgte diesen Rat und wurde nicht enttäuscht. Endlich schien ich am Ziel meiner Wünsche angekommen zu sein. Auf dem Berg diese alte Burg, umgeben von einem kleinen Dorf. Am Fuß des Berges ein See und in der Ferne das Meer und die Straße von Gibraltar. Bei klarem Wetter konnte man sogar den afrikanischen Kontinent am Horizont erkennen. Diese unbeschreiblich schöne Idylle war wie geschaffen, um mit der Natur eins zu werden und „mich selbst“ zu finden.

Berauscht von der Schönheit dieser Gegend wurde mir erst am Abend bewußt, daß ich nun wirklich alleine war. Kein Freund, keine Spanischkenntnisse, kein Ort, wo ich schlafen konnte. Als dann die Nacht hereinbrach und weder irgendwelche Lampen noch Laternen die Gegend erleuchteten, befand ich mich in einer totalen Dunkelheit und Einsamkeit. Der Rausch der schönen Natur war verflogen und ich war mutterseelenallein. Mein Geld war inzwischen fast vollständig aufgebraucht und aller Frust, alle Bitterkeit, alle ungelösten Lebensfragen stürzten wieder auf mich ein und erdrückten mich. Am Ziel meiner Wünsche war ich mit mir völlig am Ende.

Während ich da in meiner Hoffnungslosigkeit saß, hörte ich plötzlich in unmittelbarer Nähe ein leises Geräusch. Wenige Sekunden später stand ein offensichtlich junger Hund vor mir, der im Gegensatz zu mir keine Angst zu haben schien, sondern mich – wie mir schien – voll Mitgefühl anschaute.

Völlig überrascht und erfreut über die plötzliche Anwesenheit eines freundlichen Lebewesens in meiner Einsamkeit, begann ich diesen Hund zu streicheln und auf ihn einzureden: „Ich habe keinen Platz zum Schlafen, ich kenne hier niemand und könnte nicht einmal ein Gespräch führen, wenn mich jemand träfe." Während ich dem Hund mein Herz ausschüttete, blieb er zunächst ruhig sitzen und irgendwie leuchtete ein wenig Hoffnung in mir auf, für die ich keine Erklärung hatte. Ich spürte, daß etwas in der Luft lag. Mit Worten kann ich meine damaligen Gefühle sehr schwer beschreiben.

Plötzlich sprang der Hund auf, lief ein Stück und blieb stehen, als ob er mich auffordern wolle, ihm zu folgen. Gleichzeitig war es mir, als würde eine Stimme fortwährend in mir sagen: „Folge diesem Hund nach!"

Ich kam mir reichlich blöd vor, als ich – dem Hund folgend – auf Tippelpfaden durchs Dorf schlich. Einerseits war ich nun dankbar für die Dunkelheit, in der mich keiner auf meinen seltsamen Wegen beobachten konnte. Gleichzeitig befand ich mich in einer Hochspannung, weil ich ahnte, daß in dieser Nacht etwas Entscheidendes passieren würde.

Mein seltsamer Führer brachte mich in die Nähe eines umzäunten Geländes, wo etwas Licht schien und Stimmen zu hören waren. Der Hund kroch durch den Zaun, während ich zögerte, um nicht als Einbrecher verdächtigt zu werden. Plötzlich schien der Hund mein Zögern zu bemerken, er blieb stehen, winselte und nötigte mich fast, nun auch über den Zaun zu klettern. „Was spielt sich in dieser Nacht hier ab?", schoß es mir durch den Kopf.

Ich folgte dem Hund, der nun hinter das Haus lief und sich dann erwartungsvoll setzte, als wolle er mir etwas Wichtiges zeigen. Was ich dann sah, schlug wie ein Blitz ein. Ich hatte plötzlich die felsenfeste Gewißheit: Es gibt ein höheres Wesen, einen Schöpfer, einen Gott, der mich kennt und der Interesse an mir hat. Ich sah eine breite Bank mit einer Schaumstoffauflage, die mich zum Ausruhen einlud!

Das konnte kein Zufall sein und die Wahrscheinlichkeit war sehr gering, daß dieser kleine Hund darauf dressiert war, müde und orientierungslose Nachtwanderer zu einem Ruhelager zu lotsen.

Nein, hier war eine höhere Gewalt im Spiel. Da war jemand, der meine Einsamkeit und Hoffnungslosigkeit kannte und Interesse an mir hatte. Ich habe mich dann auf diese Bank gelegt und konnte zunächst nur noch weinen über die Tatsache, daß über den Sternen ein Gott war, den ich zwar noch nicht kannte, der aber mich kannte und offensichtlich Erbarmen mit mir hatte.

Am anderen Morgen lernte ich auch die Leute in diesem Dorf kennen. Aber ich blieb nur einige Tage, weil es mich wieder nach Deutschland zog. Von den letzten Pesetas, die mir noch verblieben waren, kaufte ich mir etwas zu essen und dann machte ich mich auf den Weg in die nächst größere Stadt, um mit dem Zug in Richtung Heimat zu fahren. Da man damals als Schwarzfahrer in Spanien nicht angezeigt, sondern an der nächsten Station vor die Tür gesetzt wurde, war es nicht schwierig, über die Grenze nach Frankreich und schließlich nach Deutschland zu kommen.

Zuhause angekommen gab es natürlich viel Gerede: „Wo warst Du? Warum bist Du einfach abgehauen, ohne eine Nachricht zu hinterlassen?" Aber dann lief zunächst alles im alten Trott weiter. Doch die Erinnerung an das, was ich in Castello Viejo erlebt hatte, blieb und veranlaßte mich, zumindest den Alkoholkonsum einzuschränken, das Rauchen von Zigaretten und Haschisch völlig aufzugeben und Distanz zu denen zu halten, mit denen ich bisher Drogen konsumiert hatte.

Im Frühsommer '91 fiel mein Blick auf die Küchenablage – ein Buch lag dort. Es war die Schulbibel meines jüngeren Bruders. Wahrscheinlich lag diese Bibel schon lange Zeit dort, aber jetzt erst nahm ich sie wahr. Alles in mir zog mich zu diesem Buch und so nahm ich es, legte mich aufs Bett und las voll gespannter Erwartung darin. Zum ersten Mal in meinem Leben hatte ich eine Bibel in der Hand. Ich hatte keine Ahnung davon, wer Jesus Christus ist und was Christentum ausmacht. Auch einen überzeugten Christen hatte ich bisher nicht kennengelernt. Ob ich Gott, der in Spanien so deutlich in mein Leben getreten war, in diesem Buch kennenlernen konnte?

Ich las und las und spürte, das ich es hier nicht nur mit irgendwelcher Literatur zu tun hatte. Diese Worte sprachen mich an, redeten zu mir, berührten mein Inneres. Ähnlich wie in Spanien wurde ich tief in meinem Herzen angesprochen und wußte: hier habe ich es mit Gott zu tun! Nun erfuhr ich, wer Jesus Christus ist. Natürlich war ich noch skeptisch und konnte meine Vorurteile den Christen und dem Christentum gegenüber nicht einfach verdrängen. Ich habe viel hinterfragt und geprüft, spürte aber immer deutlicher, daß dieses Buch *mich* hinterfragt und mein Leben durchleuchtet. Als ich dann die Bergpredigt Jesu las, wußte ich: Das ist es, was Du immer gesucht hast!

Es war verrückt: Ich hatte eine weite Reise unternommen, um mich selbst zu finden und eine Erfahrung zu machen, die meinem ziellosen Leben eine Richtung gab. Und hier in meinen vier Wänden fand meine Suche ein Ende und meine Fragen eine Antwort!

Oft habe ich die Bibel irgendwo aufgeschlagen und mein Blick fiel auf eine Stelle, die mich genau in meiner Situation ansprach. Ich empfehle diese Methode heute niemandem, aber ich hatte damals keinen, der mir erklärte, wie man die Bibel am besten liest und Gott kannte offensichtlich meine Einfalt und hat meine Augen auf solche Stellen in der Bibel gerichtet, die mir damals eine große Hilfe waren und mein Vertrauen in dieses Buch stärkten.

Nun war es mir natürlich auch ein Anliegen, die Anweisungen Jesu zu befolgen. Ich versuchte z.B. meinen Vorrat an Schimpf- und Fluchwörtern abzubauen und meinen Familienangehörigen in Liebe zu begegnen. Aber je mehr ich mich bemühte, um so mehr spürte ich mein Versagen. Es klappte einfach nicht. In meiner Not rief ich zu Gott: „Ich will Dir doch gehorchen und möchte so leben, wie Du es von mir verlangst, aber ich schaffe es nicht. Warum ist das so schwierig?"

Wieder schlug ich meine Bibel auf und erwartete von Gott eine Antwort. Sie klappte in Römer 7 auseinander, wo ich folgende Worte las, die hundertprozentig auf mich zutrafen:

> *„Ich will zwar immer wieder Gutes tun und tue doch das Schlechte; ich verabscheue das Böse, aber ich tue es dennoch ... Ich wünsche mir nichts sehnlicher, als Gottes Gesetz zu erfüllen. Dennoch handle ich nach einem anderen Gesetz, das in mir wohnt. Dieser Wi-*

derspruch zwischen meiner richtigen Einsicht und meinem falschen Handeln beweist, daß ich ein Gefangener der Sünde bin.“ (Römer 7,18-23)

Plötzlich wurde die Vergangenheit lebendig, zog an mir vorüber und machte mir schmerzlich bewußt, wie ich mit meinem bisherigen Leben Gott verachtet und wehgetan habe, wie ich mich an meiner Familie und an meinen Freunden schuldig machte. In dieser Nacht habe ich weiter in der Bibel gelesen und über mein Leben nachgedacht bis ich nicht mehr anders konnte, als Gott im Gebet den ganzen Schmutz meines Lebens auszubreiten und um Vergebung meiner Sünden zu bitten. Nachdem ich so alles „herausgebetet“ hatte, fühlte ich mich erleichtert und schlief bald ein.

Am anderen Morgen wachte ich mit der Überzeugung auf, ein neues Leben beginnen zu können. Eine neue, unbeschriebene Buchseite meines Lebens war aufgeschlagen worden und ich wußte, daß meine Vergangenheit mich nicht mehr einholen konnte, weil sie mir durch Jesus Christus vergeben worden war. Ich war, wie die Bibel sagt, ein „Kind Gottes“ geworden, obwohl mir die Tragweite dieser Tatsache erst später bewußt wurde.

Mein Vater spürte mein verändertes Verhalten, äußerte sich aber zunächst nicht dazu. Mein Bruder fragte mich danach und ich konnte nur auf die Bibel hinweisen und sagen: „Das ist das beste Buch, das ich je gelesen habe!"

Wenige Tage später brachte mir mein Bruder von einem Bummel durch die Einkaufsstraße eine Zeitschrift mit – „Tee-Time" – die in der Fußgängerzone kostenlos verteilt wurde. Da diese Schrift christlich aussah, dachte er mir damit einen Gefallen zu tun. Erstaunt las ich in diesem Blatt und stellte fest, daß es offensichtlich außer mir noch ein paar weitere Christen in Deutschland gab. Sollte ich mich überwinden und vielleicht doch einmal in eine der vielen Kirchen gehen, die ich bisher verachtet hatte?

Ich erfuhr, daß diese Zeitschrift von einer Gruppe junger Christen verteilt worden war, die im Leverkusener Zentrum mit einem „Tee-Bus" standen und zu Gesprächen über den Glauben einluden. Aber meine Scheu war zunächst größer als meine Neugierde, bis ich auf der Straße ein kleines, hellgrünes Papier liegen sah mit dem Titel „Auf der Suche". Damals war ich sehr offen für das Reden Gottes und hielt es für selbstverständlich, daß Gott durch dieses kleine Blatt zu mir reden würde. Ich hob diese kleine, Kreditkarten große Schrift auf und las folgende Worte aus der Bibel:

„Ihr werdet mich suchen und finden, denn ihr werdet

nach mir fragen mit eurem ganzen Herzen und ich werde mich von euch finden lassen, spricht der Herr.
(Jeremia 29,13)

Ich jubelte. Genau das wars! Gott hatte meine Suche gesehen und hatte sich von mir finden lassen. Nun trieb es mich doch in die Stadt, um die Leute kennenzulernen, die diese Zettel verteilten. Der Tee-Bus stand noch da und auch die Mitarbeiter waren ansprechbar. Ich hatte tausend Fragen, aber der junge Mann, der mit mir sprach, redete an mir vorbei. Schließlich schenkte er mir ein Neues Testament „Das lebendige Buch" und lud mich zu einem Vortrag im Zelt ein. Doch meine Scheu und Skepsis war zu groß und so verschwand der Tee-Bus, ohne daß ich die Christen näher kennengelernt hätte.

Wochen später schlenderte ich durch die Innenstadt und sah einen aufgebauten Büchertisch. Ein Plakatständer zeigte ein großes Bierglas mit dem Bibelzitat: „Wer von diesem trinkt, wird wieder dürsten." Auch das entsprach genau meiner Lebenssituation, denn einen Abend zuvor war ich noch in einer Kneipe gewesen. Getroffen von diesem Wort ließ ich mich auf ein Gespräch ein und wurde zu einer Jugendstunde und einem Hauskreis eingeladen. Jetzt erfuhr ich auch, daß es in Leverkusen eine Gemeinde gab, die nur fünf Minuten von unserer Wohnung entfernt war.

Bisher hatte ich nichts davon gemerkt, daß sich Christen in meiner näheren Umgebung trafen. Wie war das möglich, daß es Christen gab, die schon jahrelang hier wohnten und mich nie mit der frohen Botschaft von Jesus Christus konfrontiert hatten? Meine Freunde, meine Familie, meine Nachbarn, sie alle standen in Gefahr verlorenzugehen. Die Frage, warum die Christen bisher geschwiegen hatten und mir nichts von Jesus Christus erzählten, machte mich fast wahnsinnig.

Aber nun wußte ich um einen Hauskreis, und er wurde mir sehr wichtig. Hier konnte ich meine vielen Fragen loswerden, wenn ich auch zunächst die geduldigen Antworten mit großer Skepsis aufnahm und mich fragte, ob man diesen Christen wirklich volles Vertrauen schenken kann.

Eine eigenartige Erfahrung machte ich zu Hause. Während ich mich bemühte, ein besserer Sohn und Bruder zu werden, wurde der Druck von seiten meines Vaters immer größer. Schließlich drohte er, mich aus der Familie hinauszustoßen, denn nun sei mein Betragen noch schlimmer und schwerer zu ertragen als früher.

Um etwas Geld zu verdienen, hatte ich einen Job als Gerüstbauer angenommen. Mit dem verdienten Geld wollte ich mir eine Ausrüstung kaufen, um dann ins

Ausland zu gehen und dort als Botschafter Jesu Christi zu arbeiten. Aber Gott hatte andere Pläne mit mir und er gebrauchte einen kleinen Unfall, um meine bisherige Distanz zu den Christen abzubauen: Eines Tages wollte ich mich beim Abbau eines Gerüstes von einem Brett hangeln, rutschte ab und fiel aus nur etwa 2 Meter Höhe so unglücklich auf den Hauseingang, daß ich einen Knacks in meinem Fuß spürte. Meinen Schuh auszuziehen, war fast unmöglich, weil die Schwellung sehr stark war. Die Untersuchung beim Arzt ergab: Splitterbruch am kleinen Zeh – sechs Wochen Gips und Krücken. Meine Ausreise ins Ausland konnte ich zunächst einmal vergessen. Aber genau in diese Zeit fiel eine Freizeit der Gemeindejugend auf der Insel Texel. Ich wurde überredet mitzufahren und erlebte nun zum ersten Mal eine sehr schöne und intensive Gemeinschaft mit jungen Christen, die wie ich die Bibel schätzten und besser kennenlernen wollten.

Inzwischen habe ich eine Lehre als Zimmermann abgeschlossen und zwar mit einem so unverdient guten Ergebnis, daß mein Vater, der meinen Lebensweg immer noch etwas skeptisch von der Seite beobachtet, doch nicht umhin konnte, etwas wie Stolz für seinen Sohn zu empfinden.

Und eine neue „Lehre" habe ich begonnen – ich befinde mich zur Zeit auf einer Bibelschule, weil ich das beste aller Bücher noch intensiver kennenlernen möchte.

Mein Wunsch ist, später einmal unter Kurden zu leben und ihnen zu erzählen, daß es Hoffnung für sie gibt, ein Ziel und Sinn für ihr Leben – durch Jesus Christus. Ob im Iran, Irak, in Syrien, Armenien, in der Türkei oder hier in Deutschland, wo ca. 500 – 600.000 Kurden leben, das überlasse ich der weisen Führung meines Gottes, der bisher wunderbar in mein Leben eingegriffen hat.